O OLHAR ESTRANGEIRO

DEBRET
CENAS DE UMA SOCIEDADE ESCRAVISTA

RAYMUNDO CAMPOS

Conforme a nova ortografia

Atual Editora

SARAIVA S.A. Livreiros Editores
Rua Henrique Schaumann, 270 — Pinheiros
05413-010 — São Paulo — SP

Dados Internacionais de Catalogação na Publicação (CIP)

Campos, Raymundo Carlos Bandeira

Debret: cenas de uma sociedade escravista / Raymundo Campos. — 2ª ed. — São Paulo : Atual, 2009. — (O Olhar Estrangeiro)

Bibliografia.
ISBN 978-85-357-0177-7

1. Brasil — Condições sociais — Século 19 (Ensino fundamental) 2. Brasil — História — Século 19 (Ensino fundamental) 3. Debret, Jean-Baptiste, 1768-1848 4. Escravidão — Brasil (Ensino fundamental) I. Título. II. Série.

CDD-372.8981

Índices para catálogo sistemático:

1. Brasil : História : Ensino fundamental 372.8981

Coleção **O Olhar Estrangeiro**

Gerente editorial: Wilson Roberto Gambeta
Editor: Henrique Félix
Assessora editorial: Dolores Fernández
Coordenadora de preparação de texto: Maria Cecília F. Vannucchi
Preparação de texto: Valéria Franco Jacintho
Revisão de texto: Pedro Cunha Jr. (coord.)
Márcio G. de Araújo
Pesquisa iconográfica: Cristina Akisino (coord.)/Marcelo Zanon

Gerente de arte: Edilson Felix Monteiro
Coordenação de arte: Mizue Jyo
Diagramação: Adriana Maria Nery de Souza

Colaboradores

Projeto gráfico: Glair Alonso Arruda
Imagem de capa: *Negras cozinheiras, vendedoras de angu*, de Debret
Impressão e acabamento: Log&Print Gráfica, Dados Variáveis e Logística S.A.
OP:286655

2ª edição /-1ª tiragem
2025

SAC | 0800-0117875
De 2ª a 6ª, das 8h30 às 19h30
www.editorasaraiva.com.br/contato

811002.002.004

APRESENTAÇÃO

Este livro é um estudo sobre o grande álbum em três volumes *Viagem pitoresca e histórica ao Brasil*, no qual se encontram reunidas obras do artista francês Jean-Baptiste Debret, desenhos e textos que retratam o Brasil do início do século XIX.

Por que essa obra artística se tornou tão importante para a memória e a história da sociedade brasileira?

Neste início do século XXI, os desenhos de Debret são encontrados nos mais diversos lugares: em escolas, bibliotecas e museus, na decoração de cinemas, teatros e lojas, em livros, revistas e em programas de televisão. Tais obras tornaram-se muito conhecidas, embora muita gente não saiba o nome do autor e se pergunte sobre o significado desses trabalhos.

As imagens criadas pelo artista francês passaram a fazer parte da memória nacional, que é um tipo de conhecimento, às vezes vago e inconsciente, sobre o passado do Brasil. Essas imagens constituem fontes a partir das quais é possível elaborar a história do país no início do século XIX, um período extremamente criativo da sociedade brasileira em que se encerrava a etapa colonial. Utilizar essas fontes é possível porque os historiadores desenvolveram técnicas de análise que permitem a utilização de pinturas, desenhos e esculturas como documentos históricos.

Escrever a história de povos colonizados é sempre um desafio, por causa da escassez das fontes. Os colonizadores geralmente não se preocuparam em guardar documentação que pudesse retratar a sociedade colonial. No caso brasileiro, a escassez de documentos é grande, principalmente no campo das artes plásticas. Possuímos poucos retratos, sob a forma de desenhos, pinturas ou mapas, do período da colônia. São conhecidas as restrições e proibições do governo português à produção de obras escritas, mapas ou ilustrações que possibilitassem maior conhecimento sobre o Brasil.

Essas restrições e proibições caíram por terra depois da vinda da Corte portuguesa para a colônia, que, a partir daí, viveu uma série de transformações que culminaram no processo de independência. A partir de 1808, o território brasileiro foi aberto não só às mercadorias estrangeiras, mas à visita e à permanência de inúmeros comerciantes, viajantes, naturalistas e artistas. Eram principalmente europeus, que elaboraram diversos depoimentos sobre o país, de forma escrita e pictórica*, de tal modo que o Brasil deixou de ser uma terra desconhecida.

Entre as obras artísticas que contribuíram para dar um rosto, uma identidade à nação que surgia, encontram-se os desenhos e pinturas de Debret. Tal obra, mesmo apresentando problemas, é extremamente vasta, rica do ponto de vista artístico e conta com preciosas anotações sobre cada um dos desenhos. Assim, por meio dessas representações visuais e escritas, torna-se possível conhecer vários temas da história do Brasil. Neste livro vamos estudar principalmente os temas da escravidão, do trabalho em geral, das classes e da condição feminina na sociedade brasileira, e particularmente no Rio de Janeiro, a partir dos retratos feitos pelo artista.

---

* As palavras com asterisco são definidas no Vocabulário, no final do livro.

SUMÁRIO

CAPÍTULO 1

MUDANÇAS E INVENTÁRIO DO MUNDO

O início do século XIX foi um período de mudanças. No Brasil, grandes transformações passaram a ocorrer com a chegada da Corte portuguesa e a abertura dos portos, em 1808. A partir daí sucederam-se as visitas de estrangeiros, ingleses e franceses em sua maioria, que produziram inúmeros registros textuais e pictóricos, às vezes verdadeiros inventários, sobre o que viram no país. Para compreender essas obras é necessário entender o que estava mudando, principalmente nas formas de pensar, na Europa e na América.

TRANSFORMAÇÕES NO MUNDO ATLÂNTICO

Economia e conhecimento

Desde a época das grandes navegações dos séculos XV e XVI, o comportamento de muitos europeus — comerciantes, marinheiros, religiosos, sábios ou artistas — em terras fora da Europa foi marcado por extrema curiosidade, por certo deslumbramento e pelo empenho em registrar o que, para eles, era exótico na natureza, na cultura e na vida dos povos do além-mar. Ao mesmo tempo, esses europeus assumiram nas colônias uma atitude chamada de adâmica, isto é, davam nomes novos a tudo o que viam, à semelhança de Adão, que, segundo o relato bíblico, acompanhado por Deus, conheceu e deu nome a tudo o que existia na Terra.

Por que, principalmente a partir do século XVIII, esses "inventários" do que existia no mundo, feitos pelos europeus, tornaram-se muito mais frequentes? A resposta encontra-se no desenvolvimento do sistema econômico que viria a ser conhecido como capitalismo.

A base dessa nova economia foi a Revolução Industrial, ocorrida primeiro na Inglaterra e depois em outros países europeus, como França, Bélgica e em regiões da Alemanha e da Itália atuais.

As mudanças contínuas na forma de produção de mercadorias e o aparecimento das fábricas se fizeram acompanhar pelo crescimento da população e das cidades, pela revolução nos transportes e comunicações e por uma expansão sem precedentes do comércio mundial. Foi esse novo mundo industrial que tornou cada vez mais necessário conhecer terras, recursos naturais e modos de vida das mais diversas populações do planeta. Tais conhecimentos, acumulados por meio das viagens, do comércio, das ciências e das artes, foram divulgados por livros, jornais, pinturas, desenhos e outros meios de comunicação, que também se popularizaram com o aperfeiçoamento das técnicas industriais. Foi esse contexto que fez do século XIX o período de apogeu da burguesia europeia.

Revolução social e política

Desde fins do século XVIII os países europeus passavam também por mudanças sociais, políticas e culturais. A filosofia iluminista impulsionou o pensamento científico e, no plano social e político, fez surgir os ideais do Liberalismo e da Democracia. Após a declaração de independência das treze colônias inglesas da América, em 1776, e o início da Revolução Francesa, em 1789, as ideias liberais, defendidas pela burguesia, espalharam-se mais rapidamente pela Europa e pela América ibérica. Tais ideias, entre outros resultados, fomentaram as críticas à escravidão negra na África e no Novo Mundo.

Na América, os países dominados por Espanha e Portugal haviam permanecido, durante séculos, fechados a qualquer tipo de influência estrangeira. Nos primeiros anos do século XIX ocorreu a abertura desses territórios à penetração econômica e cultural da Inglaterra, principalmente, mas também dos Estados Unidos e de outros países europeus, como a França, e de alguns dos reinos em que se dividiam as atuais Alemanha e Itália.

No Brasil, desde a vinda da Corte portuguesa e a abertura dos portos, em 1808, predominou a influência inglesa na economia, enquanto na cultura e no pensamento político foi marcante a presença da França.

8

NA EUROPA, OS ARTISTAS E O PÚBLICO MUDAVAM

A ascensão da burguesia, impulsionada pelas mudanças econômicas trazidas pela Revolução Industrial ou pelas revoluções sociais e políticas, fez-se acompanhar por profundas transformações na esfera cultural, particularmente nas artes. Na arquitetura, por exemplo, um símbolo da ascensão burguesa foi o estilo neoclássico, com suas colunas gregas, que surgiu na Inglaterra durante o século XVIII e passou a predominar na construção de edifícios comerciais e públicos e de residências das classes abastadas. Tal estilo, inspirado nas tradições da Grécia e da Roma antigas, chegou ao Brasil na época de D. João VI, por meio do trabalho de vários artistas e arquitetos franceses, sendo ainda hoje visível em várias construções nas cidades brasileiras.

Entre outras mudanças, as revoluções liberais, que se espalharam pela Europa a partir de 1789, transformaram o trabalho e as condições de vida dos artistas plásticos, e criaram um novo público para as suas obras.

Antes das revoluções, usufruir das artes plásticas era parte dos privilégios das velhas classes dominantes, pois os objetos artísticos, como pinturas, desenhos e esculturas, encontravam-se nas academias, nas igrejas, nos palácios do alto clero, de reis e nobres, em coleções privadas e de difícil acesso à maioria da população. Os artistas que não pertenciam às camadas dominantes continuavam a se formar por conta própria, às vezes no ambiente familiar, no caso de famílias de artistas, às vezes trabalhando de graça em ateliês de mestres renomados. Vivendo quase sempre com grandes dificuldades, eles dependiam do mecenato, ou seja, da proteção das classes dominantes, que financiavam e compravam as obras de arte.

Em vários países europeus, a partir dos fins do século XVIII, governos revolucionários ou reformistas criaram museus abertos a toda a sociedade. Por exemplo, devido à Revolução Francesa, depois de 1789, ocorreu o confisco de antigas coleções privadas para a formação de museus públicos, na França e em vários países ocupados pelo exército revolucionário francês. Nessa época continuava a crescer um novo público, extremamente numeroso, formado principalmente pela burguesia. Como parte dos avanços da instrução pública surgiram academias de belas-artes e escolas ligadas a museus, nas quais elementos da burguesia e mesmo do povo puderam realizar a sua formação artística com maior facilidade. Esses artistas produziam para vender ao público, cada vez mais numeroso, mas também trabalhavam para inúmeros governos. Muitos deles participaram da expansão europeia da época, trabalhando em

Edifício neoclássico, projetado no Rio de Janeiro pelo arquiteto Grandjean de Montigny, membro da Missão Francesa.

países de outros continentes, e principalmente na América, que se libertava do colonialismo de Portugal e Espanha; foi esse o caso do francês Jean-Baptiste Debret e do bávaro* Johann Moritz Rugendas.

"O regresso de um proprietário", por Debret. Artistas como Debret e Rugendas produziram documentos sociológicos e históricos, ao retratarem as classes sociais por meio de seus desenhos e pinturas.

NA AMÉRICA: VIAJANTES, COMERCIANTES, SÁBIOS E ARTISTAS

No século XVIII, à medida que expandiam seu comércio internacional, os europeus iam conhecendo melhor os diversos continentes do mundo. Aumentou como nunca o número de viagens e a curiosidade sobre outros povos. Muitos comerciantes, marinheiros, missionários, viajantes, naturalistas e artistas passaram a contar as suas experiências em terras do além-mar, na forma de textos, desenhos e pinturas, que eram publicados em livros, jornais e grandes álbuns. Multiplicaram-se as exposições em museus, salões e sociedades geográficas. O material publicado e exposto era lido e apreciado por um público cada vez mais numeroso, tornando-se um bom negócio publicar livros e álbuns de viajantes.

Até o início do século XIX, a América espanhola e o Brasil haviam permanecido fechados à curiosidade dos estrangeiros. São conhecidas as medidas do governo português que, por temor da cobiça estrangeira em relação à colônia, impediam a publicação de informações sobre o Brasil e proibiam visitas ao seu território. Alguns casos tornaram-se célebres. Em 1758, o famoso almirante inglês James Cook, durante a sua viagem de circunavegação do mundo, em que pretendia chegar à pouco conhecida Austrália, passou pelo Rio de Janeiro, mas os marinheiros ingleses não puderam desembarcar e apenas receberam água e suprimentos em seus navios. O sábio naturalista alemão Humboldt, que realizou uma grande viagem de estudos pela América espanhola, do México ao Chile, entre 1799 e 1804, foi proibido de entrar na Amazônia brasileira. Livros e desenhos sobre a colônia eram igualmente proibidos. O caso mais conhecido é o do jesuíta Antonil, que, em 1711, publicou um excelente livro sobre a economia brasileira e teve essa sua obra proibida, confiscada e queimada assim que saiu da tipografia.

Segundo vários historiadores, o Brasil foi, de todas as colônias americanas, a mais pobre em produção de desenhos, pinturas e mapas, por causa das proibições portuguesas. Portugal, um país pequeno e fraco no cenário europeu, temia que um maior conhecimento sobre sua enorme colônia despertasse a cobiça de outras nações europeias. Dessa forma continuou grande o desconhecimento do Brasil no exterior e mesmo entre a própria população colonial.

As visitas de estrangeiros, que na América espanhola ocorriam desde o fim do século XVIII, só se tornaram possíveis no Brasil depois de 1808, com a chegada da Corte portuguesa fugida da Europa. Entre os visitantes, a partir de então, existiam sábios naturalistas, artistas, diplomatas e comerciantes. Naturalistas e artistas queriam conhecer os mais diversos aspectos da natureza e da sociedade. Já os comerciantes dirigiam o seu olhar para tudo o que, na natureza e nas sociedades locais, pudesse ser comercializado. A viajante inglesa Maria Graham, autora do livro *Diário de uma viagem ao Brasil*, queixava-se da visão estreita dos seus compatriotas comerciantes, que se importavam em conhecer do país apenas o que pudesse ser fonte de lucro.

Os sábios naturalistas mostraram-se curiosos e deslumbrados, em primeiro lugar, com o meio físico: a natureza, o ambiente tropical, tudo muito diferente da Europa. Realizaram várias expedições que tinham como objetivos estudar a geografia, o solo, a vegetação, a fauna, bem como as populações locais, aspectos que seriam descritos minuciosamente com a ajuda de desenhos e pinturas. Essas expedições, no início do século XIX, contavam com maiores conhecimentos científicos, melhores equipamentos e puderam aventurar-se, durante longos anos, pelos lugares mais remotos do sertão, enfrentando extremos desconfortos, animais ferozes, doenças e até mesmo bandidos e índios hostis. Realizaram trabalhos extremamente importantes, coletando uma infinidade de plantas, de animais (vivos ou empalhados), de minerais. Todo esse material, principalmente nos países europeus, foi organizado em museus, jardins botânicos e zoológicos, em livros diversos e em álbuns com desenhos e pinturas.

Esses sábios utilizavam a metodologia científica das ciências naturais, que estava começando a surgir. Por sua vez essa metodologia pôde se desenvolver, em parte, com esse trabalho de coleta de dados, observação e descrição realizado por várias expedições.

Outro grupo extremamente importante para a evolução do conhecimento foi o dos artistas plásticos, sobretudo desenhistas e pintores, que frequentemente trabalhavam com os naturalistas. Numa época em que a fotografia não existia, esses artistas, pintando e desenhando, documentaram com detalhes as paisagens e os mais diversos elementos dos grupos humanos, da flora e da fauna. Mas, além desse tipo de trabalho, que resultava em reproduções quase fotográficas, vários artistas que vieram ao Brasil foram contratados para retratar elementos da classe dominante e fatos históricos que estavam ocorrendo nos dias de luta pela independência e de outras transformações.

No início do século XIX, os países da América espanhola e o Brasil viviam uma profunda agitação social e política, que iria resultar no processo de independência. Quase por toda parte a separação entre as colônias e as metrópoles ibéricas foi liderada pelas elites nascidas no mundo colonial. Os membros dessas elites, formados frequentemente na Europa, padeciam de uma atitude de submissão à cultura europeia. Conheciam pouco os países que começavam a governar. A independência aumentou o interesse desses novos governantes em conhecer seu país de origem e, para isso, foram muito importantes as obras escritas e de artes plásticas elaboradas por estrangeiros.

O OLHAR EUROPEU

Os estrangeiros que chegavam ao Brasil eram em sua esmagadora maioria europeus, numa época em que a Europa experimentava grande progresso material e científico. Existia entre eles uma forte tendência a um pensamento etnocêntrico, ou seja, a acreditar que a sua cultura era superior, o que gerava preconceitos em relação ao país visitado. Muitas vezes desprezavam a cultura e os povos que visitavam. Achavam que a eles, brancos europeus, caberia ensinar os princípios da civilização aos brasileiros e a outros povos abaixo do Equador. Essa foi a ideologia da chamada missão civilizatória do homem branco, que serviu para justificar a expansão colonial imperialista dos europeus pelo mundo. Debret, em algumas passagens da sua obra escrita, adotou essa forma de pensar.

Mas existiram vários aspectos positivos na visão desses estrangeiros em relação ao Brasil. Por exemplo, eles não tinham certo embotamento que se encontrava nos nativos, os quais tendiam a não mais estranhar as paisagens, a fauna e flora, os usos e costumes do país, aceitando tudo isso como normal, com reduzida visão crítica. Os estrangeiros às vezes podiam ver melhor. Isso porque, a partir da sua chegada, eram confrontados com uma realidade radicalmente diferente da dos seus países de origem. A cada passo encontravam paisagens, pessoas, animais, comidas, cheiros, construções, linguagens, regimes aberrantes como a escravidão, enfim um mundo de diferenças que aguçava a sua percepção e visão crítica. Além disso, o estrangeiro, por comparação, também aprendia muito sobre o seu país de origem, porque funcionava aqui a velha regra: conhecer os outros é se conhecer.

CAPÍTULO 2

ARTE, HISTÓRIA E BIOGRAFIA

Para compreender a importância da obra de Debret devemos pensar nas relações entre a arte e a história, tendo como ponto de partida as duas questões a seguir. A obra de arte pode ser utilizada como documento histórico? Até que ponto a obra de um artista se explica pela sua biografia e pela sua época?

A OBRA DE ARTE E A HISTÓRIA

Principalmente nos dias atuais, as obras de arte, tais como textos literários, pinturas, desenhos, fotos e filmes, passaram a ser utilizadas frequentemente como fontes para o estudo da história.

O trabalho dos pesquisadores que utilizam obras de arte como documentos históricos apresenta algumas dificuldades, pois a imaginação dos artistas os leva para o terreno da ficção, às vezes muito distante do mundo real. Ao historiador cabe separar, na obra de arte, o que é ficção e o que é realidade no passado que ele pretende estudar.

Desenhos e pinturas são fundamentais para a reconstrução do passado e, muitas vezes, retratam a realidade de forma melhor que os documentos escritos. Mas essas manifestações artísticas são uma representação, ou seja, uma forma de ver a realidade. Existem representações que se aproximam mais da realidade, como é o caso da obra de Debret, que é chamada de realista. No entanto, mesmo nessas obras a visão do autor sobre a realidade é influenciada pela sua ideologia, ou seja, pelos interesses e pela visão de mundo da sua classe. O artista, como todo ser humano, pode ser explicado pela frase: "Eu sou eu e a minha circunstância".

Na sua maior parte, os desenhos de Debret são considerados pelos historiadores fontes primárias, uma vez que foram criados a partir de observações diretas do artista sobre a realidade retratada. Mas ele desenhou também baseado em informações de livros ou de outras pessoas.

RETRATOS DE ARTISTAS

Dentre os desenhistas e pintores estrangeiros que estiveram no Brasil nas primeiras décadas do século XIX, três foram de fundamental importância: o francês Jean-Baptiste Debret, o austríaco Thomas Ender e o bávaro Johann Moritz Rugendas. Esses artistas representaram a realidade que viram no país utilizando pouco da fantasia e realizaram o que o sábio naturalista alemão Alexander von Humboldt, falando sobre a obra de Rugendas, chamou de etnografia visual, ou seja, a descrição realista de um povo por meio de desenhos e pinturas.

Caricatura alemã do século XIX, mostrando os problemas enfrentados pelo naturalista Martius no Brasil.

Debret, além dos desenhos, que constituem excelentes retratos da sociedade brasileira da época, deixou anotações minuciosas tratando de cada uma das cenas que desenhou. Thomas Ender escreveu pouco sobre a sua obra no Brasil; e Rugendas, no seu álbum intitulado *Viagem pitoresca através do Brasil*, escreveu mais sobre a história e as condições gerais do país do que sobre as suas obras reproduzidas no livro.

Esses e outros artistas produziram para um público formado, na sua maior parte, pela burguesia europeia, que buscava nessas obras o pitoresco e o exótico, o mesmo que esperava encontrar nos países americanos. Outra parte importante desse público eram o governo do Brasil, que hospedou e contratou muitos desses artistas, e alguns elementos da classe dominante brasileira.

Uma princesa, sábios e artistas

Logo depois de 1815, o governo português instalado no Brasil procurou aproximar-se das potências que haviam derrotado a França napoleônica. Como parte dessa política, foi negociado diplomaticamente o casamento de uma princesa austríaca com o príncipe D. Pedro. Esse casamento aumentou a curiosidade e o conhecimento dos austríacos em relação ao Brasil.

A princesa, que chegou ao Rio de Janeiro em 1817 e seria a futura imperatriz Leopoldina, possuía grande interesse pelas ciências e artes. Ela se fez acompanhar por uma expedição científica de história natural, a mais importante das que vieram ao Brasil, e da qual participaram os naturalistas Spix e Martius, provenientes do Estado alemão da Baviera.

A expedição, entre 1817 e 1820, percorreu um vasto território do interior do Brasil, realizando uma enorme coleta de informações sobre a natureza, a sociedade e a cultura das populações brasileiras, além de objetos, animais e plantas que foram mandados para a Europa.

O jovem Thomas Ender, desenhista da expedição, pertencia a uma família extremamente pobre, mas havia conseguido tornar-se um pintor dos mais importantes, trabalhando frequentemente para a Corte do Império Austríaco. No Brasil ele ficou doente e retornou à Áustria depois de um ano, levando mais de oitocentos trabalhos, entre desenhos e pinturas, que retratam de forma meticulosa paisagens, tipos humanos como escravos, senhores e padres, e uma série de cenas da vida em sociedade. Esses desenhos e pinturas apresentam-se razoavelmente distanciados da realidade, sobretudo por causa das cores "europeias" usadas pelo artista, isto é, esmaecidas se comparadas com as vibrantes cores tropicais, mas, mesmo assim, constituem documentos históricos dos mais importantes.

O Rio de Janeiro do século XIX, retratado por Thomas Ender.

Cenas da América Latina

No início do século XIX, a Alemanha encontrava-se dividida em mais de trinta Estados, um dos quais era a Baviera, terra natal do pintor Johann Moritz Rugendas, um dos mais importantes artistas da história do Brasil e da América espanhola.

Nascido em 1802, na cidade de Augsburgo, numa família de artistas plásticos, Rugendas foi influenciado pelas ideias românticas e liberais que haviam se espalhado pela Europa desde a Revolução Francesa de 1789. Em 1820, ele começou a se interessar pelo Brasil, ao presenciar, na sua cidade natal, as exposições e palestras realizadas pelos naturalistas Spix e Martius sobre a sua grande expedição em terras brasileiras. O jovem artista iniciava assim uma relação de curiosidade e afeto para com o Brasil, a qual haveria de durar muitos anos.

Em 1821, o jovem desenhista conseguiu o emprego de ilustrador científico numa expedição que estava sendo formada no Brasil pelo conde Langsdorff, um nobre alemão que era embaixador da Rússia tzarista* no Rio de Janeiro. No contrato de trabalho ficou estabelecido que Rugendas deveria desenhar paisagens, animais e cenas da vida social. Em janeiro de 1822 ele partiu da Europa, chegando ao Rio de Janeiro dois meses depois. O início da expedição demorou, e ele permaneceu na cidade, percorrendo seus arredores, trabalhando intensamente na produção de inúmeros desenhos.

A expedição iniciou-se e, com ela, Rugendas percorreu Minas Gerais e Goiás, realizando uma série enorme de trabalhos. Mas, depois de algum tempo, entrou em choque com os métodos autoritários do conde Langsdorff, abandonou a expedição e retornou à Europa. Na viagem ainda passou por Salvador e Recife, realizando vários desenhos nessas cidades.

Em 1824, em Paris, ele começou a publicar os desenhos que havia produzido no Brasil, os quais depois viriam a formar o álbum intitulado *Viagem pitoresca através do Brasil*, obra na qual encontramos importantes documentos históricos, como as paisagens da mata Atlântica, do Rio de Janeiro, de Minas Gerais e de Goiás, lugares por onde o artista passou com a expedição. Além disso, no álbum, são inúmeros os retratos da cidade do Rio de Janeiro, de escravos e senhores, das grandes casas de fazendas e dos índios. Predomina nesses retratos uma visão realista. Mas várias obras se distanciam bastante da realidade, pois estão impregnadas por uma visão romântica e eurocêntrica do artista. Por exemplo, os índios são retratados de forma idealizada, quanto à aparência física e ao porte, de acordo com as ideias românticas dos europeus sobre os primitivos habitantes da América. O mesmo aconteceu em relação a alguns desenhos de negros escravos.

Depois de alguns anos na Europa, Rugendas retornou à América, onde permaneceu durante dezesseis anos. Viveu em vários países: México, Chile, Peru, Bolívia, Argentina e Uruguai, retratando com grande simpatia a natureza, a gente do povo e sua cultura, os fatos históricos que ocorreram logo depois da independência. Retornou então ao Brasil, onde permaneceu durante 1846 e 1847. Nesses anos fez retratos não só do revolucionário italiano Giuseppe Garibaldi e de sua mulher, Anita, que lutavam na Guerra dos Farrapos, no Rio Grande do Sul, mas também do imperador Pedro II. Em 1846, realizou uma grande exposição das suas obras no Rio de Janeiro, e logo depois regressou à Baviera, onde morreu em 1858, aos 56 anos de idade.

Debret e a presença francesa no Brasil

Os tempos da Revolução Francesa e do Império Napoleônico foram extremamente favoráveis à vida e à carreira do jovem Debret. Nascido em Paris, em 1768, era filho de um modesto funcionário público. Na sua família existiam alguns artistas, o que facilitou o seu processo de formação como pintor e desenhista. Ao mesmo tempo que produzia os seus primeiros trabalhos artísticos, participou ativamente do movimento revolucionário iniciado em 1789. Esteve particularmente ligado ao grande pintor e líder revolucionário Jacques-Louis David, que era seu primo. Este, depois de ter sido um revolucionário dos mais radicais, ligado aos jacobinos, aderiu ao Império Napoleônico e tornou-se o mais importante pintor oficial, encarregado principalmente de retratar Napoleão, suas façanhas militares e atos do seu governo. Debret, protegido por seu primo, tornou-se também um pintor histórico e oficial, tendo produzido nessa época desenhos, pinturas de batalhas e outros atos do imperador.

Quando Napoleão foi derrubado, em 1815, a vida de Debret, como a de tantas outras pessoas, mudou radicalmente. Representantes dos vários países europeus, que haviam vencido a França, se reuniram no Congresso de Viena para traçar os novos rumos da sociedade europeia. Implantou-se em toda a Europa uma nova ordem que procurava restaurar o Antigo Regime e combater todos os ideais da Revolução e do Império. Os partidários do Liberalismo e de Napoleão passaram a ser presos, ameaçados e vigiados. A situação de Debret tornou-se ainda mais grave quando morreu seu filho único. Foi então que ele pensou em deixar a França, principalmente após haver recebido convites para trabalhar na Rússia e no Brasil.

A Rússia, país que havia derrotado Napoleão, possuía condições climáticas muito temidas, além de um governo absolutista, extremamente repressivo e detestado pelos liberais. O Brasil era famoso por um verão que durava o ano inteiro e encontrava-se numa fase de grandes transformações desde a chegada da Corte portuguesa, em 1808. Essas considerações levaram Debret a escolher o Brasil e a participar da chamada Missão Francesa, que, a serviço do governo português, devia realizar vários trabalhos artísticos e arquitetônicos, além de criar no Rio de Janeiro uma academia de belas-artes.

A vinda ao Brasil dessa Missão Francesa fazia parte das mudanças que visavam acelerar o progresso da ex-colônia, que agora era a sede do governo português. A ideia foi do ministro de D. João VI, Antônio de Araújo, conde da Barca, que pensava ser necessário melhorar o nível de civilização da elite, portuguesa e brasileira, que era, segundo ele, mal instruída, dominada pelo clero, cheia de superstições e beataria*.

A missão foi formada na França por diplomatas portugueses, ajudados pelo célebre sábio naturalista Humboldt, e era composta por pintores, escultores, um arquiteto famoso chamado Grandjean de Montigny, um engenheiro e vários artesãos, como marceneiros e serralheiros. Era chefiada por Joachim Lebreton, literato, artista e dirigente de museus no período napoleônico.

No fim de janeiro de 1816 a missão iniciou sua viagem ao Brasil e, depois de dois meses, chegou ao Rio de Janeiro, onde alguns desses artistas iriam permanecer por vários anos.

Esses artistas franceses foram de grande importância para os avanços das artes no Brasil e particularmente no Rio de Janeiro. O estilo neoclássico na arquitetura, trazido por Grandjean de

Montigny, até hoje é utilizado em grandes construções. Além dos desenhos e das pinturas de cada um dos vários artistas, a missão deu imensa contribuição ao desenvolvimento das artes plásticas no país, com a fundação da Academia de Belas-Artes no Rio de Janeiro.

Depois de permanecer no Brasil durante quinze anos, Debret retornou à França em 1831, levando os seus desenhos, que foram transformados em litografias* e publicados em álbum. Ele havia observado e retratado: a natureza, o mundo oficial, vários fatos relativos ao processo de independência, o Rio de Janeiro, a então pequena cidade de São Paulo, os sertões e fazendas do Sul do país, os negros, as casas e as ruas, índios, mestiços e brancos. De tudo isso, a parte mais interessante, mais realista, é a que se refere aos trabalhos e à vida cotidiana do povo, principalmente dos negros, no Rio de Janeiro, que ele pôde observar durante anos. Dessa forma, além de ter contribuído para a história da classe governante, ele forneceu elementos para uma história da vida material e da vida cotidiana do povo brasileiro e particularmente dos escravos.

Nessa obra, os historiadores encontram vários problemas. Por exemplo, o autor revela, em várias passagens escritas, um pensamento eurocêntrico, afirmando que a civilização europeia era superior e deveria ser imitada pelos brasileiros. Os preconceitos, como o que afirmava a inferioridade biológica de negros e índios, comum na Europa da época, aparecem em outros trechos dos seus escritos. Aspectos da história e da geografia do Brasil foram tratados de maneira superficial ou errada. Mas, mesmo assim, a maior parte da obra pictórica e textual desse artista francês continua a ser um dos mais importantes documentos sobre um período crucial da história do Brasil.

CAPÍTULO 3

CENAS DE UMA ECONOMIA COLONIAL

Por meio dos desenhos de Debret e de Rugendas, torna-se possível reconstituir vários aspectos da vida material e econômica do Brasil do início do século XIX.

O ANTIGO QUADRO ECONÔMICO

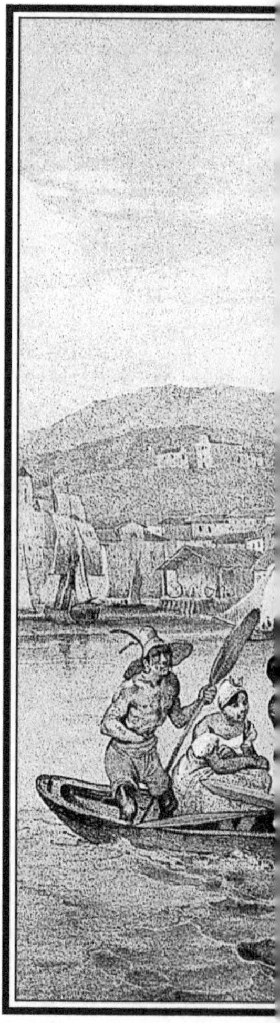

Durante o século XVIII, as regiões mais importantes da economia brasileira situavam-se em Minas Gerais, no Rio de Janeiro e ainda no Nordeste. O grande crescimento impulsionado pela mineração teve como centro Minas Gerais, mas estimulou a economia de todo o país, principalmente a do Rio de Janeiro e de São Paulo. A cidade do Rio de Janeiro, que já era a sede do governo dos vice-reis, viveu um período de apogeu como grande porto e centro comercial, exportando ouro e diamantes para a metrópole, e recebendo escravos, de várias partes do país e da África, bem como inúmeras mercadorias que se destinavam principalmente à região das minas.

No Nordeste a exportação de açúcar e fumo, mesmo num secular processo de decadência, continuava a ser importante fonte de riqueza, mas alternava períodos de crise com períodos de prosperidade, sempre na dependência da conjuntura internacional, que ditava preços altos ou baixos para os dois produtos.

Nas últimas décadas do século XVIII, a mineração entrou em rápido declínio; a partir daí, como ficou a economia do Brasil?

Pesquisas históricas recentes mostram que, principalmente em Minas Gerais e no interior do Rio de Janeiro, consolidou-se então uma economia voltada para o mercado interno, baseada na criação de gado, na produção de laticínios e outros gêneros alimentícios como feijão e mandioca, além de atividades de extração de madeira na região da mata Atlântica. Não obstante as proibições mercantilistas da metrópole, surgiram pequenas manufaturas de produtos de ferro, cerâmica, couro e mesmo de tecidos.

O porto do Rio de Janeiro, retratado por Rugendas.

Esse quadro econômico sofreria mudanças a partir da chegada da Corte portuguesa ao Brasil, da abertura dos portos e dos tratados de 1810 com a Inglaterra, que diminuíram o poder da metrópole portuguesa, enquanto favoreceram a penetração de produtos e capitais ingleses no país.

NOVOS RETRATOS DA ECONOMIA

Presença estrangeira

A abertura dos portos e os tratados de 1810 aumentaram a dependência da economia brasileira em relação aos principais países capitalistas, especialmente em relação à Inglaterra.

Em seus escritos, Debret mencionou os grandes estabelecimentos comerciais estrangeiros que surgiram no Rio de Janeiro, como tavernas, armazéns de secos e molhados, lojas de ferragens, de roupas e armarinhos. Os donos dessas casas de comércio eram de várias nacionalidades, como franceses e italianos, mas predominavam os ingleses. O país, e principalmente a capital, foi tomado por uma verdadeira anglomania, iniciando-se uma desenfreada importação dos mais diversos produtos britânicos.

Essas importações impediram que a produção local, sobretudo no setor de manufaturas, prosperasse, pois era quase impossível concorrer com a qualidade e o preço dos produtos ingleses, que pagavam reduzidas tarifas alfandegárias.

Vestígios do século do ouro e dos diamantes

Em sua longa estada no Brasil, Debret visitou apenas algumas localidades de Minas Gerais, na fronteira com o Rio de Janeiro, o que talvez se explique principalmente pelo declínio da antiga região mineradora. No entanto, ali se encontravam, na natureza e na sociedade, motivos dos mais interessantes para os trabalhos de um artista.

A paisagem e os vestígios do passado de Minas Gerais foram retratados em vários desenhos de Rugendas, que por lá passou com a expedição de Langsdorff. Em alguns desenhos, ele retratou a paisagem dos campos e dos numerosos pequenos morros com os riachos onde, no passado, o ouro havia sido encontrado e várias cidades criadas.

Ele retratou também, de forma detalhada, técnicas da extração do ouro de aluvião*, que continuava a ser feita com mão de obra escrava e rendia quase nada nesses dias de decadência. Da região de Diamantina, ele nos deu uma visão dos antigos comboios que, com homens armados, conduziam os diamantes para o Rio de Janeiro. Alguns historiadores aventam a hipótese de que, na segunda década do século XIX, quando a expedição Langsdorff por lá passou, esses comboios não existiam mais, dada a decadência da produção das pedras. Rugendas teria elaborado o desenho a partir de descrições feitas por habitantes locais sobre os tempos da grande produção de diamantes.

O artista alemão retratou ainda outro importante aspecto da economia de Minas Gerais, que se prolongava em Goiás: a criação de gado. Pelos desenhos podemos observar o gado criado solto em grandes fazendas, apresentando um aspecto selvagem, e perceber que os vaqueiros eram mestiços, pois nesse tipo de atividade era reduzida a utilização de escravos negros.

Na região açucareira

Em 1824, no seu primeiro retorno à Europa, Rugendas realizou uma rápida passagem por Salvador e pelo Recife. Mesmo permanecendo pouco tempo ali, ele captou alguns aspectos fundamentais das duas cidades. Um dos seus desenhos faz uma síntese estereotipada de um engenho, apresentando a casa-grande, a moenda, o senhor e sua mulher na varanda, os escravos, as canas sendo transportadas num carro de boi. No Recife ele retratou uma venda, ponto de comércio e de encontros da população, além de fazer o único desenho existente de uma reunião dos chefes da Confederação do Equador, revolta que logo depois seria aniquilada pelas forças de D. Pedro I.

Debret, no Rio de Janeiro, aproximadamente na mesma época, desenhou uma pequena moenda de cana movida por escravos, que era geralmente utilizada na produção de garapa.

Retratos de províncias pobres

Nas obras de Debret e Rugendas, São Paulo era uma pequena cidade, com grandes descampados e reduzida movimentação econômica. Pelos desenhos é possível perceber que a cidade abrigava um reduzido número de escravos africanos. A riqueza e a escravidão negra só cresceriam na província com a cafeicultura.

Da região do Rio Grande de São Pedro, que os dois desenhistas visitaram, ainda que em épocas diferentes, não foram retratadas as poucas e pequenas cidades. Predominam as cenas do campo, das grandes fazendas de gado, onde a maioria dos vaqueiros era de mestiços, descendentes de índios e brancos. A escravidão negra cresceria no decorrer do século XIX, com as grandes charqueadas*.

Comércio: transportes e caminhos

Quem quiser saber como pessoas e mercadorias viajavam no Brasil do início do século XIX encontrará uma visão bastante precisa nos vários desenhos de Rugendas e Debret, feitos sobretudo no interior do Rio de Janeiro, de São Paulo e de Minas Gerais. O comércio e os transportes valiam-se principalmente de tropas de muares* e cavalos, que passavam por caminhos extremamente precários, dentre os quais um dos melhores era o chamado Caminho Novo, que ligava o Rio de Janeiro a Minas Gerais, cuja principal estação de descanso era a localidade de Porto de Estrela, desenhada por Rugendas. Em

Os chineses que tentaram plantar chá no Rio de Janeiro, em obra de Rugendas.

alguns desenhos os componentes dessas tropas e de grupos de viajantes se apresentam armados, o que mostra a insegurança dos caminhos.

Outro importante meio de transporte, também retratado, eram os carros de boi usados para transporte de produtos e pessoas nos arredores de fazendas e engenhos, e mesmo para a realização de viagens cujos percursos eram maiores.

Debret, que fez uma longa viagem com tropeiros do Rio de Janeiro até o Rio Grande do Sul, descreveu o final de um dia dos viajantes:

Embora exausto por uma penosa marcha sob a influência do excessivo calor, o viajante no Brasil deve ter ainda força de cuidar atentamente todas as noites do preparo do pouso no meio das inúmeras florestas, sempre tão longas para se atravessarem. Terminado o dia, ele acende o fogo, em seguida constrói uma tenda com os couros que servem para cobrir a carga das bestas, reservando alguns, entretanto, para colocar no chão, onde lhe cabe dormir, envolvido no seu manto. Pode também construir um abrigo feito de um teto de folhagem prolongado até o chão [...]. Junta o viajante, depois, seus animais, formando uma cerca em torno do pouso; a fogueira, alimentada durante a noite, preserva-o dos animais ferozes e clareia ao mesmo tempo o lugar para a guarda, revezada de quando em quando.

Riquezas no coração do Brasil

O governo de D. João VI empenhou-se em criar um grande produto de exportação para o Brasil. Durante certo tempo alguns ministros pensaram que o melhor seria produzir chá, tendo o governo mandado vir do Oriente mudas do produto e trabalhadores chineses, os quais estabeleceram plantações nas proximidades do Rio de Janeiro. Um dos poucos documentos que tratam dessa experiência com chá e colonos chineses é um desenho de Rugendas.

Mas caberia ao café a carreira bem-sucedida como produto de exportação, principalmente a partir de meados da década de 1820. Os dois desenhistas mostraram o início da produção cafeeira em chácaras nos bairros da capital. Tornaram-se célebres os desenhos que retratam a chácara da família Taunay em frente da cascatinha do bairro da Tijuca. Algum tempo depois, o produto, alcançando grande procura no mercado internacional, passou a ser cultivado em grandes fazendas do interior fluminense, exigindo quantidades crescentes de mão de obra escrava.

Num desenho de Rugendas é ainda possível ver, numa fazenda, o trabalho de escravas na preparação da farinha de mandioca, um dos produtos mais importantes na alimentação do brasileiro, na época.

A grande cidade

Tornando-se o principal centro do Império Português, o Rio de Janeiro viveu uma nova fase de grande crescimento econômico. De 1808 em diante, a população da cidade cresceu rapidamente, chegando a 160 mil habitantes em 1816. Surgiram novos bairros, e as construções de casas aumentaram de forma jamais vista. As necessidades de consumo dos mais diversos produtos na capital impulsionaram a produção do interior fluminense, de Minas Gerais e mesmo de São Paulo. Por exemplo, Debret nos conta que boa parte dos frangos consumidos na capital carioca ali chegava depois de uma longa viagem a partir de São Paulo.

Na obra de Rugendas e na de Debret são inúmeros os desenhos relativos à cidade do Rio de Janeiro, principal centro econômico, político e administrativo do país, com grande projeção internacional. O comerciante inglês John Mawe, um dos viajantes escritores que visitaram o Brasil nessa época, mostrou a ascensão do Rio de Janeiro, escrevendo:

Nenhum porto colonial está tão bem localizado para o comércio geral quanto o Rio de Janeiro. Ele goza, mais do que qualquer outro, de iguais facilidades de intercâmbio com a Europa, América, África, Índias Orientais e as ilhas dos Mares do Sul, e parece ter sido criado pela natureza para constituir o grande elo de união entre o comércio dessas grandes regiões do Globo.

Além de ser importante escala das rotas internacionais e sede da Corte, a cidade tornou-se também o grande porto exportador de café. Além disso, desde o século XVIII a cidade havia se transformado num dos maiores mercados de escravos do mundo e também numa das maiores cidades de população africana. Eram os escravos negros que, com seu trabalho, faziam funcionar a economia e tornavam possível a vida na cidade, como mostra um grande número de desenhos de Rugendas e de Debret.

CAPÍTULO 4

TRABALHO E ESCRAVIDÃO

Que aspectos do trabalho e da escravidão na sociedade brasileira podem ser estudados nos desenhos e nas anotações do *Viagem pitoresca e histórica ao Brasil*?

Numa visão geral do trabalho no país, o próprio Debret escreveu:

> *Tudo assenta pois, neste país, no escravo negro; na roça, ele rega com seu suor as plantações do agricultor; na cidade, o comerciante fá-lo carregar pesados fardos; se pertence ao capitalista, é como operário ou na qualidade de moço de recados que aumenta a renda do senhor. Mas, sempre mediocremente alimentado e maltratado, [...].*

O artista francês, bem como Rugendas e Thomas Ender, retratou principalmente a escravidão tal como a viu no interior fluminense e nas ruas do Rio de Janeiro. Os escravos do sexo masculino predominam nas cenas pintadas e desenhadas, mas as mulheres negras também aparecem em grande número. Raros desenhos mostram o trabalho dos brancos livres, os quais exerciam atividades e profissões ligadas a comércio, transportes, artesanato e serviços, e eram padres, soldados, pequenos funcionários, capatazes, comerciantes e artesãos.

UM INFAME MERCADO NA CAPITAL

Para vários viajantes estrangeiros, o aspecto mais chocante de algumas cidades do litoral brasileiro era o dos mercados de escravos. Desde meados do século XVIII, o Rio de Janeiro havia se tornado o maior mercado de escravos da América, abastecendo com essa mão de obra a região mineradora. Grandes capitais foram acumulados por empresários privados e pela Coroa portuguesa graças ao tráfico negreiro. Os tumbeiros, navios que transportavam os africanos, saíam do porto carregados com aguardente, farinha de mandioca, roupas, ferramentas e várias outras mercadorias, produtos esses que eram aceitos pelos chefes tribais africanos, em vários pontos da costa da África, em troca de negros escravos.

Na prancha "Mercado da rua do Valongo", de Debret, negros recém-chegados a uma vida de escravidão.

Chegados ao Brasil depois de uma terrível travessia, os chamados negros novos passavam pela alfândega e eram agrupados em depósitos que, a partir do fim do século XVIII, se situavam na rua do Valongo. Era o início de uma vida trágica no Brasil.

Debret retratou os recém-chegados que, depois da viagem aterrorizante, eram expostos para serem vendidos, e sobre eles escreveu:

É na rua do Valongo que se encontra, no Rio de Janeiro, o mercado de negros, verdadeiro entreposto onde são guardados os escra-

vos chegados da África. Às vezes pertencem a diversos proprietários e são diferenciados pela cor do pedaço de pano ou sarja que os envolve, ou pela forma de um chumaço de cabelo na cabeça inteiramente raspada.

Essa sala de venda, silenciosa o mais das vezes, está infectada pelos miasmas de óleo de rícino que se exalam dos poros enrugados desses esqueletos ambulantes, cujo olhar furioso, tímido ou triste lembra uma* ménagerie*.

Bem ao contrário do realista Debret, Rugendas, com seu ódio à escravidão e uma visão romantizada dos negros, foi levado a retratá-los com corpos na sua melhor forma, no interior de um navio negreiro ou depois da sua chegada ao Brasil, quando eram expostos à venda.

Maria Graham, viajante inglesa que esteve no Brasil na mesma época que esses dois pintores, deixou no seu *Diário de uma viagem ao Brasil* uma descrição do mercado muito parecida com a do artista francês.

RETRATOS DE ESCRAVOS

Debret e outros pintores se ocuparam pouco dos escravos do eito* e dos domésticos. Na maior parte dos seus desenhos, esse artista retratou os escravos urbanos, que ele considerava extremamente pitorescos e podiam ser observados mais facilmente nas ruas em suas diversas atividades cotidianas. Sobre a escravidão e a vida urbana no Rio de Janeiro, Debret escreveu: "Percorrendo as ruas fica-se espantado com a prodigiosa quantidade de negros perambulando seminus e que executam os trabalhos mais penosos e servem de carregadores".

Escravos de ganho

Na cidade do Rio de Janeiro existiu o maior número de escravos de ganho e de aluguel. Para alguns historiadores, em pesquisas recentes, os escravos de ganho constituíram uma "brecha assalariada" no sistema escravista, uma vez que eles possuíam razoável autonomia na vida e no trabalho cotidiano, e chegavam a ganhar algum dinheiro.

Tais escravos eram "postos ao ganho", ou seja, diariamente eram mandados para as ruas, onde deviam procurar serviços os mais diversos, como trabalhadores avulsos: carregadores, aguadeiros, operários, estivadores, cocheiros, barbeiros ou vendedores. Além disso, eram empregados também no comércio ambulante, em quitandas e lojas. No fim do dia, deviam entregar aos seus senhores certa quantia, sem o que eram castigados: ficavam sem comer ou recebiam castigos físicos, como bolos de palmatória ou surras. Um grande número de famílias brancas possuía um ou dois escravos de ganho como principal fonte de renda. Mas famílias ricas chegavam a possuir mais de cinquenta desses escravos.

À medida que essa prática se generalizou, a Câmara Municipal carioca estabeleceu regras e cobrança de taxas para o seu funcionamento. Os senhores deviam tirar uma licença com validade de um ano, e todo escravo de ganho devia portar uma chapa, sem a qual podia ser detido até que os seus senhores pagassem uma multa.

Para muitos dos cativos, esse tipo de trabalho possibilitava certa liberdade e algum rendimento, pois, pagas as cotas diárias aos seus senhores, eles podiam reter o que haviam ganho a mais. Dessa forma ocorreram casos de escravos que conseguiram acumular cabedal para, depois de certo tempo, comprar a sua alforria.

Escravos de aluguel

Existiam também nos centros urbanos os chamados escravos de aluguel, cuja situação era pior do que a dos negros de ganho.

Inúmeras pequenas empresas funcionavam como agências locadoras, alugando o trabalho desses escravos. Debret nos conta como funcionava esse tipo de trabalho escravo na construção civil do Rio de Janeiro:

[...] o proprietário de inúmeros negros emprega os escravos como operários, a fim de receber os seus salários no fim da semana. E, não satisfeito ainda em cobrar dos proprietários dos imóveis a aprendizagem de seus operários, abusa do privilégio de aproveitar dos próprios negros novos como ajudantes; estes, verdadeiros esque-

letos ambulantes, ainda extenuados das fadigas da travessia, e de inteligência pouco desenvolvida, executam lentamente e de modo muito imperfeito o que lhes é exigido, a grandes chicotadas.

Debret chamava de capitalistas os donos de escravos de ganho e de escravos de aluguel, argumentando que, ao comprarem negros, eles realizavam uma forma de investimento para produzir renda.

O DIA A DIA DA ESCRAVIDÃO URBANA

O Rio de Janeiro, desde a chegada da Corte portuguesa, vivia mais uma fase de grande desenvolvimento. Continuava a ser a mais importante das cidades do Brasil e o que ali acontecia era do interesse de todo o país. Mesmo assim, o seu núcleo propriamente urbano era pequeno. O campo encontrava-se integrado à cidade, por isso Rugendas e Thomas Ender retrataram densas florestas, cobras e outros bichos, além de plantações, como as de chá e de café, em chácaras situadas nos bairros.

Em 1816, ano em que Debret chegou ao Brasil, a população da cidade era avaliada em 160 mil almas, e, mesmo com grande crescimento do número de brancos livres, aproximadamente 3/5 da população era de escravos.

A escravidão negra começava a ser intensamente combatida pelos liberais e por grupos humanitários em países europeus como Inglaterra e França, mas, no Brasil, era vista como algo necessário e natural, principalmente porque acreditava-se que o negro era inferior do ponto de vista biológico. Mesmo padres e ordens religiosas como beneditinos, franciscanos e carmelitas possuíam escravos, e o clero católico aprovava a escravidão ou se omitia quanto ao problema.

Em face do escravismo e de acordo com sua visão do negro, Debret apresentou inúmeras contradições. Como liberal e ex-revolucionário, ele era contra a escravidão, mas afirmava que no Brasil ela era um mal necessário. No entanto, embora aceitasse as teorias da inferioridade natural dos africanos, ele via nos negros inúmeras qualidades, como inteligência, beleza de corpo, capacidade de trabalho e sensibilidade. Tais contradições aparecem nos escritos que acompanhavam cada um dos seus desenhos, principalmente naqueles em que ele retratou os trabalhos de escravos nas ruas do Rio de Janeiro.

Cangueiros

Entre os escravos de ganho mais notórios encontravam-se os carregadores de objetos pesados, chamados de cangueiros por causa das cangalhas, cordas que utilizavam para transportar objetos como móveis, pipas de aguardente, sacos de café ou farinha, caixas de açúcar. Os cangueiros ficavam reunidos em certas praças à espera de serviços. Sobre eles Debret escreveu: "Este tipo de carregadores tão útil aos negociantes não o é menos ao artista, que encontra entre esses homens as formas atléticas mais puras, cujo estudo lhe é precioso". Ele ainda dizia que esses escravos se orgulhavam de sua força, gostavam de se enfeitar com bonés multicoloridos, emitiam gritos e cantavam músicas para acompanhar, dar ritmo e estimular o seu trabalho.

"Negros carregadores de cangalhas", gravura feita por Debret. Tais escravos foram considerados belos modelos pelo artista.

Existiam também escravos jovens que transportavam pequenos objetos como embrulhos, ou guarda-chuvas, uma vez que, para homens e mulheres brancos, constituía um grave desprestígio transportar qualquer objeto, por menor que fosse.

Vendedores

O abastecimento da população do Rio de Janeiro pode ser reconstruído historicamente por desenhos de escravos de ganho que, nas ruas, vendiam uma longa lista de produtos: frangos, porcos, peixes, milho, palmito, flores, verduras, frutas e leite. Eram numerosos também os vendedores de roupas, sapatos, carvão, água, capim e cestos, estes últimos sendo a principal forma de embalagem da época. Debret retratou inúmeros desses vendedores e registrou sobre eles uma série de informações, algumas extremamente interessantes. Tal foi o caso dos negros de ganho que vendiam leite ao qual misturavam água para ganhar mais do que a cota diária a ser entregue ao senhor. E o artista conclui sobre essa antiga prática:

Longe de nós a ideia de considerá-lo o inventor dessa pequena fraude. Esta não passa de uma imitação de outra mais importante feita pelo seu senhor. Essa rivalidade prejudicial de interesses recai no infeliz consumidor, obrigado a pagar ainda bem caro uma xícara de leite duplamente batizada.

Barbeiros, músicos e curandeiros

Era também grande o número de barbeiros ambulantes, que percorriam as ruas com uma bacia de cobre, tesoura, navalha e sabão, e assim atendiam uma numerosa clientela constituída por brancos pobres e principalmente por escravos de ambos os sexos. Debret escreveu que os escravos de forma geral, não obstante a sua miserável condição, procuravam fazer o cabelo e a barba, assim como tinham preferência por pedaços de roupas das cores mais vivas que pudessem encontrar.

Na gravura "Barbeiros ambulantes", Debret ilustra alguns dos numerosos serviços prestados nas ruas do Rio de Janeiro.

Na obra "O cirurgião negro", de Debret, práticas médicas populares das ruas do Rio de Janeiro.

Existiam também os barbeiros que atendiam em lojas e, algo curioso, entre eles encontravam-se músicos, muitos deles bastante talentosos, que tocavam em festas religiosas e bailes.

Confundidos às vezes com os barbeiros, havia os curandeiros, que circulavam pelas ruas, tendo alguns deles se tornado famosos na cura das mais diversas doenças. Realizavam rezas, benzeduras e sangrias, aplicavam sanguessugas, vendiam amuletos para dar sorte ou tirar mau-olhado, arrancavam dentes, além de prescreverem remédios à base de ervas. Debret, no seu quadro "O cirurgião negro", retratou um deles trabalhando.

Caçadores e naturalistas

Outra profissão retratada pelo artista francês foi a dos negros caçadores, que ele chamou de naturalistas. Nas fazendas, e mesmo nas cidades, a caça tinha muito valor, principalmente para a alimentação. Vários senhores determinavam que alguns escravos se especializassem nessa atividade, que era a mais cobiçada pelos cativos, pois, além de serem dispensados do trabalho pesado do eito, passavam a gozar de relativa liberdade, já que ficavam continuamente embrenhados na mata.

A procura de animais silvestres cresceu com a chegada ao Rio de Janeiro de inúmeros naturalistas e com o aumento do número de colecionadores locais. Muitos negros caçadores passaram a capturar aves, insetos, animais de grande porte e répteis, que eram vendidos. Alguns conseguiram comprar a alforria e criaram as suas próprias coleções, que eram visitadas com grande interesse por sábios naturalistas estrangeiros. Sobre os serviços prestados por esses escravos a tais estrangeiros, Debret escreveu:

O negro, capaz de ser um bom escravo de um naturalista, pode ser considerado um modelo do mais generoso companheiro de viagem, cuja inteligência iguala o devotamento. Por isso vimos frequentes exemplos da generosidade de naturalistas estrangeiros, vindos ao Brasil, que, de volta de suas excursões ao interior, deram liberdade a seu fiel companheiro de viagem como recompensa pelos serviços prestados.

"Regresso de negros caçadores", de Debret, ilustra uma prática antiga: a caça de animais, que depois eram vendidos.

Os tigres e outros "marginais"

Um dos trabalhos mais penosos realizados por escravos de ganho no Rio de Janeiro era o dos tigres, encarregados de retirar o lixo das casas ao final de cada dia. O apelido de "tigre" se devia ao fato de que, ao encontrá-los nas ruas, todos procuravam fugir, como se fugia de animais ferozes. Todas as noites, esses escravos conduziam em barris os dejetos das casas para serem jogados em terrenos baldios, rios e principalmente no mar, uma vez que não existia esgoto e nem mesmo fossas. Debret assim descreveu: "Esse despejo infecta todas as noites, das sete às oito e meia, todas as ruas próximas do mar, nas quais se verifica uma enorme procissão de negros carregando esse triste fardo e espalhando num instante todos os transeuntes distraidamente colocados no caminho".

Entre os escravos de ganho existiam ainda prostitutas e mendigos. Tais atividades eram proibidas por lei, mas, na prática, eram consentidas pela polícia. Era grande o número de escravos doentes, estropiados ou idosos obrigados a pedir esmolas nas ruas e entregar, ao final do dia, certa soma aos seus senhores.

PROBLEMAS E DECLÍNIO DA ESCRAVIDÃO URBANA

Como se sabe, a escravidão gerou uma série de problemas para a sociedade brasileira. Em primeiro lugar, cada vez mais, no decorrer do século XIX, acentuaram-se os conflitos entre senhores e escravos. Por outro lado, a escravidão contribuiu para manter a desvalorização do trabalho e da técnica no país, males existentes desde o início do Brasil colônia. Um texto de Debret mostra como o progresso técnico era impedido por vários setores da sociedade interessados em manter o escravismo:

Embora pareça estranho que neste século de luzes se depare ainda no Rio de Janeiro com o costume de transportar enormes fardos à cabeça dos carregadores negros, é indiscutível que a totalidade da população brasileira, acostumada a esse sistema que assegura a remuneração diária dos escravos empregados no serviço de rua, se opõe à introdução de qualquer outro meio de transporte, como seja, por exemplo, o dos carros atrelados. Com efeito, a inovação comprometeria dentro de pouco tempo não somente os interesses dos proprietários de numerosos escravos, mas ainda a própria existência da maior parte da população, a do pequeno capitalista e das viúvas indigentes, cujos negros todas as noites trazem para casa os vinténs necessários muitas vezes à compra das provisões do dia seguinte.

Em meados do século XIX a escravidão urbana começou a declinar. Diversos documentos mostram uma diminuição no número de negros nas ruas do Rio de

Exemplo de um tigre — o escravo com barril na cabeça —, na obra "O colar de ferro, castigo de negros fugitivos", de Debret.

Janeiro; muitos dos serviços realizados por escravos passaram a ser feitos por trabalhadores assalariados, geralmente imigrantes portugueses. Esse declínio da escravidão urbana deveu-se principalmente ao aumento no preço dos escravos, resultante da expansão das fazendas de café, e ao término efetivo do tráfico negreiro em 1850, em virtude das pressões inglesas. Mesmo assim, inúmeros escravos de ganho continuaram a existir até a abolição da escravatura em maio de 1888.

CAPÍTULO 5

RETRATOS DE MULHER

Nas imagens criadas por Debret sobre o Brasil do século XIX aparecem fundamentalmente dois tipos de mulheres e dois mundos femininos, que às vezes se apresentam relacionados: o das sinhás e sinhazinhas, mulheres brancas pertencentes à classe dominante, e o das negras e mulatas, escravas ou libertas. São extremamente raros os retratos de mulheres brancas pobres. Por meio dos desenhos e dos textos é possível obter informações importantes sobre a vida dessas mulheres.

NA CASA-GRANDE E NOS SOBRADOS

Em vários livros de viajantes que estiveram no Brasil, nas primeiras décadas do século XIX, aparece com frequência a visão de que as mulheres brancas da classe dominante viviam em relativa reclusão, nos sobrados das cidades e nas grandes casas do campo. Era principalmente nos momentos de festas ou de atividades relacionadas à Igreja que essas mulheres saíam, quase sempre acompanhadas.

Nas anotações sobre um dos desenhos mais conhecidos de Debret, "Um funcionário a passeio com sua família", podemos ler:

Após dois meses de travessia, percorrendo pela primeira vez as ruas do Rio de Janeiro, obstruídas por uma turba agitada de negros carregadores e de negras vendedoras de frutas, sentimo-nos, nós franceses, estranhamente impressionados com o fato de não ver nenhuma senhora, nem nos balcões nem nos passeios. Tivemos, entretanto, que nos resignar e esperar até o dia seguinte, dia de festa, para observar inúmeras nas igrejas. Aí as encontramos, com efeito, vestidas de um modo estranhamente rebuscado, com as cores mais alegres e brilhantes, porém obedecendo a uma moda anglo-portuguesa, muito pouco graciosa, importada pela corte de Lisboa [...].

"Um funcionário a passeio com sua família", em ilustração de Debret.

Logo depois ele mostrava que as mulheres do Brasil abandonaram a moda anglo-portuguesa, aderindo às roupas vendidas pelas lojas francesas, que passaram a dominar a rua do Ouvidor, e que as cores usadas também mudaram, com o verde entrando na moda a partir da independência.

Debret, como tantos outros estrangeiros, mostrou que as jovens brancas da classe abastada possuíam reduzida liberdade. Nas casas, quando eram visitadas por homens, principalmente estrangeiros, as mulheres se retiravam antes que os visitantes entrassem, deixando como vestígio na sala seus bordados e outros "trabalhos de agulha". Dessa situação resultava uma extrema dificuldade para o namoro, que se fazia a distância, com os pretendentes na rua e as moças nas janelas e varandas, comunicando-se por sinais, ou com a ajuda de mulheres mais velhas, as alcoviteiras, que Rugendas retratou num dos seus desenhos.

Mas, como parte das transformações do período joanino, a situação das moças também começou a mudar, principalmente no Rio de Janeiro e sobretudo no terreno da educação. Debret associou os problemas da condição feminina com o colonialismo e o patriarcado quando escreveu:

O sistema de governadores europeus, tendendo a manter nas colônias portuguesas a população brasileira privada de educação e isolada na escravidão dos hábitos rotineiros, mantivera a educação das mulheres dentro dos limites dos cuidados do lar; por isso, quando da nossa chegada ao Rio de Janeiro, a timidez, resultante da falta de educação, levara as mulheres a temerem as reuniões mais ou menos numerosas e, mais ainda, qualquer espécie de comunicação com estrangeiros [...].

Desde a chegada da Corte ao Brasil tudo se preparara, mas nada de positivo se fizera em prol da educação das jovens brasileiras. Esta, em 1815, se restringia, como antigamente, a recitar preces de cor e a calcular de memória, sem saber escrever nem fazer as operações.

Na caixa de costura ao lado da dona da casa, um chicote para ser usado de vez em quando. Cena retratada por Debret em "Uma senhora brasileira em seu lar".

Somente o trabalho de agulha ocupava seus lazeres, pois os demais cuidados relativos ao lar são entregues sempre às escravas.

Os pais e os maridos favoreciam essa ignorância, a fim de destruir pela raiz os meios de correspondência amorosa [...].

Logo depois ele nos conta que aumentou, a partir de 1816, o número de escolas e de professores particulares para moças, que passaram a aprender, além de bordados e costura, português, francês, aritmética e geografia.

Enquanto no Rio de Janeiro a condição feminina tendia a mudar, no campo, nas fazendas e nos engenhos manteve-se a situação de séculos. Na obra intitulada "Visita a uma fazenda", a cena da reunião de mulheres num salão se assemelha à de um serralho* oriental. Nas suas anotações a respeito desse desenho, o artista escreveu sobre as mulheres brancas:

[...] fazendo pouco exercício, passa a mulher quase o dia inteiro sentada à moda asiática, com a parte superior do corpo inclinada para a frente e apoiada nos rins; da imobilidade dessa posição resulta uma adiposidade que se manifesta pela inchação excessiva das partes inferiores, o que é visível principalmente nos tornozelos.

Nessas circunstâncias, é de se aplaudir a delicadeza do brasileiro, que soube evitar ferir o amor-próprio das mulheres, qualificando de beleza acessória essa verdadeira deformidade da perna, sempre colocada, em verdade, acima de um lindo pezinho [...].

Seu traje, espantosamente simples, compõe-se de uma camisa e de um saiote, aos quais, por decência, se acrescenta um grande xale negligentemente jogado sobre os ombros ao chegar uma visita.

Quanto aos hábitos, seguindo os costumes ancestrais, ocupa-se a mulher, exclusivamente, da fiscalização e manutenção de numerosa família, em geral constituída de doze a catorze filhos ou às vezes mais [...].

No lado esquerdo desse desenho encontra-se a dona da casa. Tratando do rosto dessa mulher, Debret mostrou profunda compreensão das deformações produzidas pela escravidão, pela relação tensa entre escravos e senhores, ao escrever:

Ao simples aspecto de sua fisionomia, é fácil de ver, mesmo sem menosprezar as suas qualidades morais, que a necessidade de repreender continuamente e durante muito tempo escravos preguiço-

sos fixou nesse rosto a marca involuntária do mau humor; em consequência, o olhar tornou-se duro e inquieto [...].

É claro que o problema não se resumia aos "escravos preguiçosos", mas à violência da escravidão, que ele continuou a documentar no desenho. Atrás da dona da casa, por exemplo, aparece uma jovem escrava, que com um ramo espanta as moscas do ambiente. Ela tem o rosto fechado por uma sinistra máscara de zinco. Esse tipo de máscara, só retirado nos momentos de comer, funcionava como castigo e prevenção, já que muitos escravos comiam terra, numa tentativa de suicidar-se de forma lenta, atitude comum entre aqueles originários de "nações negras apaixonadas pela liberdade".

"Visita a uma fazenda", obra de Debret, apresenta, atrás da dona da casa, que está sentada, uma escrava com máscara de zinco.

Brancas e pobres

Artistas e escritores estrangeiros que se ocuparam do Brasil do início do século XIX pouca atenção deram às mulheres brancas e pobres. Uma raridade é um desenho de Rugendas que mostra uma jovem mulher grávida, com um filho pela mão, andando a pé sozinha num caminho de Minas Gerais. Debret, por sua vez, retratou a casa de "uma viúva pobre, que tinha apenas uma filha e uma negra velha". Sempre meticuloso, ele informa que a moça ganhava muito pouco fazendo renda, a mãe fiava algodão em casa, e a negra retornava do seu trabalho de carregar água ganhando "de seis a oito vinténs com os quais devem viver essas três pessoas". Alguns dos viajantes mostraram as dificuldades da vida dessas mulheres, numa época em que eram precárias e raras as possibilidades de trabalho, e uma vez que elas não possuíam dotes financeiros, algo obrigatório para um bom casamento.

Família formada apenas por mulheres, que fiam e tecem em casa e possuem uma idosa escrava de ganho. Modelo de residência brasileira humilde, registrado por Debret em "Família pobre em sua casa".

AS NEGRAS LIVRES E SEUS TRABALHOS

Enquanto as mulheres brancas, ricas ou pobres, permaneciam principalmente em casa, tendo reduzidas atividades, as negras e mulatas, libertas ou escravas, sobretudo no Rio de Janeiro, encontravam-se nas ruas e em várias atividades, das quais as mais importantes eram as de vendedoras e de lavadeiras. Em seus textos, o artista francês demonstrou uma particular admiração pelas negras alforriadas.

Mesmo sendo raros os casos de alforria, sob o Império Brasileiro, conforme texto citado por Debret, foi estabelecido por lei que "depois de dez anos de serviço todo escravo que possa oferecer a seu senhor a importância equivalente ao preço de sua aquisição *in loco* pode, mediante um requerimento entregue à aprovação do soberano, forçar seu amo a vender-lhe um certificado de alforria".

Debret menciona vários casos de escravos que se libertavam: alguns, conhecidos como bons artesãos, chegavam a contrair empréstimos para comprar a alforria; o mesmo acontecendo com escravos de ganho que conseguiam juntar um pecúlio; negros libertos juntavam recursos para alforriar outros cativos; ao morrer, determinados senhores libertavam seus escravos pelo testamento; mulheres tornavam-se libertas graças aos seus amantes brancos.

Aspectos da vida dessas ex-escravas podem ser encontrados em alguns quadros. Nas anotações do desenho "Negras livres vivendo de suas atividades", podemos ler:

Observa-se também que, na classe das negras livres, as mais bem-educadas e inteligentes procuram logo entrar como operárias por ano ou por dia numa loja de modista ou costureira francesa, título esse que lhes permite conseguir trabalho por conta própria nas casas brasileiras, pois com seu talento conseguem imitar muito bem as maneiras francesas, trajando-se com rebuscamento e decência.

Outras, que não dão para trabalhos de agulha, dedicam-se ao comércio de legumes e frutas, instalando-se nas praças; as mais ricas e donas de mercadorias chamam-se quitandeiras, situação que exige o ajutório de um mulato ou de um negro livre, operário, para o pagamento do aluguel e das roupas; a atividade da quitandeira deve conseguir o restante, e o lucro deve bastar ao abastecimento da mercearia e à aquisição de dois moleques que ela educa no traba-

lho ou no comércio de rua para, com seus salários, garantir recursos na velhice. Em sua maioria, essas negras acabam casando com negros livres operários, com os quais vivem regularmente; muitas outras servem de mulheres a operários brancos, que nunca mais se separam delas.

Nas anotações são mencionadas ainda as vendedoras ambulantes de "aluá"* e outros tipos de refrescos, de sonhos e outros doces, empadas e pastéis: "Essas vendedoras de *aluá* são notáveis pela elegância ou, ao menos, pela limpeza de seus trajes".

O mesmo é dito sobre as vendedoras de pão de ló, "cuja fabricação constitui excelente negócio no Rio". "As negras andam sempre vestidas com muito asseio e às vezes elegância. Nossos ambulantes muito raramente lhes chegam aos pés."

Na sua obra "Negras cozinheiras, vendedoras de angu", Debret retrata as negras livres.

As "Negras cozinheiras, vendedoras de angu", retratadas por Debret, geralmente eram também alforriadas. O angu, cujo consumo era generalizado, era feito com pedaços de carne e miúdos de boi, água, banha de porco, azeite de dendê "de cor de ouro e com gosto de manteiga fresca", quiabos, pimentões e outros legumes como salsa, cebola, louro, salva e tomates. Acompanhado por farinha de mandioca, era vendido em praças e mercearias, e apreciado por escravos, libertos e brancos. Sobre o embaraço preconceituoso destes últimos, em relação a uma comida de negros, se diz: "Eis a iguaria, aliás suculenta e gostosa, que figura, não raro, à mesa dos brasileiros tradicionais de classe abastada, que com ela se regalam, embora entre chacotas destinadas a salvar as aparências e o amor-próprio".

E a figura de uma vendedora de angu mereceu a seguinte descrição:

Negra livre, ela já tem o seu lugar no mercado; reconhece-se pelos seus braceletes de cobre, que é de nação monjola. Meiga, ativa, opulenta e faceira, tudo nela caracteriza a negra livre, orgulhosa de sua propriedade; interessada na sua conservação pessoal, teve o cuidado de acrescentar a seu turbante alguns raminhos de arruda, planta que entre o povo é considerada um talismã.

ESCRAVAS DOMÉSTICAS E DE GANHO

Provavelmente por causa das dificuldades de acesso às casas, vários pintores retrataram pouco a escravidão doméstica. As mais importantes dentre as escravas domésticas eram as chamadas mucamas, criadas de quarto e amas de leite dos filhos das casas abastadas. Mas tais escravas não estavam livres de eventuais casti-

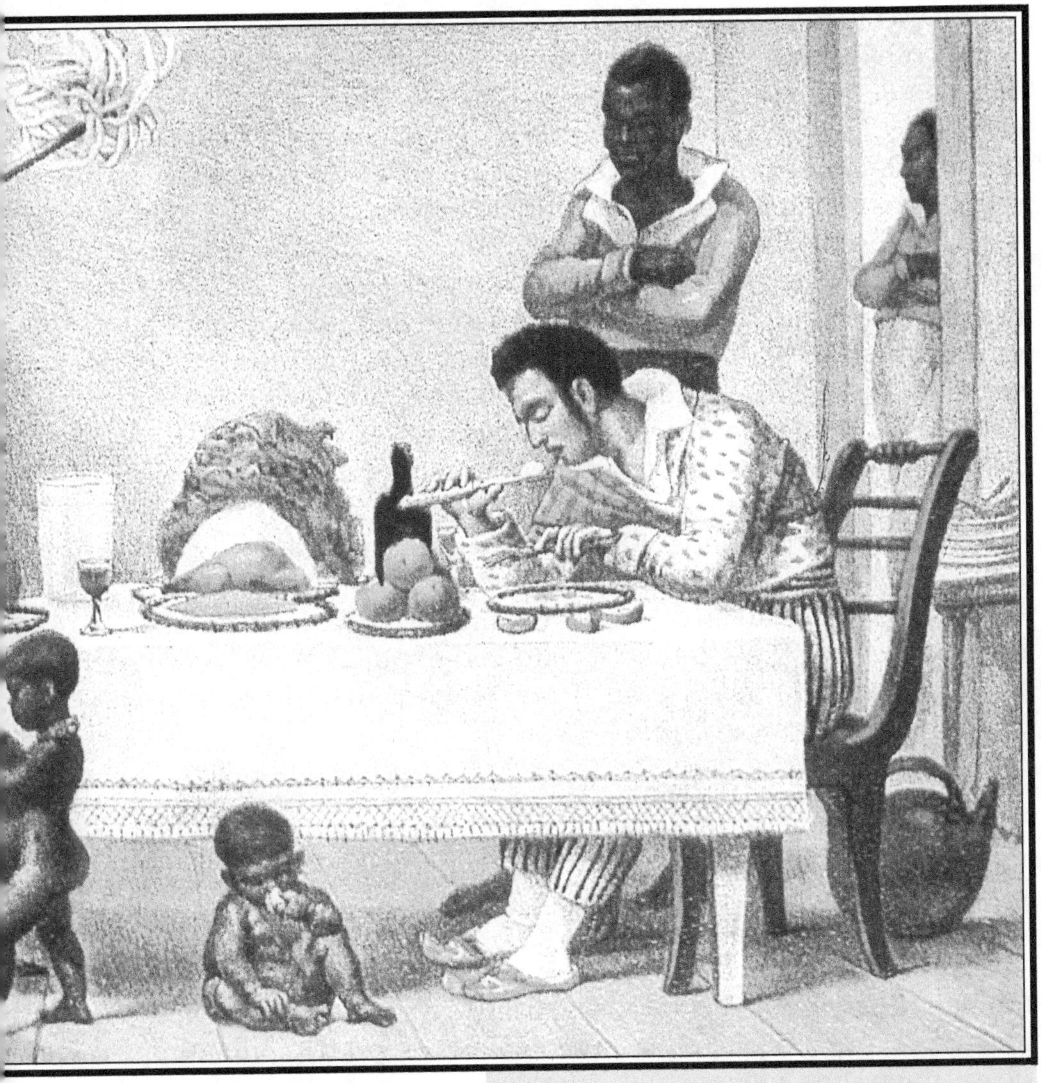
"O jantar no Brasil", cena registrada por Debret.

gos, que podiam ser ministrados pela dona da casa. Na página 44, vimos o desenho "Uma senhora brasileira em seu lar", no qual se vê, numa cesta de costura, um chicote que podia ser utilizado nas escravas a qualquer momento.

Na obra "Um funcionário a passeio com sua família", logo depois da mãe saindo à rua, aparecem a mulata criada de quarto, a ama negra que cuidava das crianças brancas e uma escrava da ama, todas vestidas com boas roupas. As vestimentas dessas escravas eram um indício do *status* e da riqueza da família a que pertenciam.

As escravas de ganho eram empregadas principalmente na venda de comidas nas ruas, onde concorriam com as negras livres, e na lavagem de roupas dos brancos. Nas famílias ricas, além das negras lavadeiras, existiam as mucamas que se encarregavam das roupas finas. As famílias pobres mandavam os seus poucos escravos lavar roupas nos chafarizes públicos, principalmente no Largo da Carioca e no Campo de Santana, até que a Câmara proibiu tal prática.

Lavar roupas de estrangeiros de passagem pela cidade tornou-se uma fonte de recursos para famílias de classe média que possuíam apenas alguns escravos. Trabalhavam nessa atividade, segundo o artista francês, viúvas pobres e mulheres brancas solteiras, que chegavam a alugar chácaras nos arredores da cidade para lavar e passar, serviços que eram feitos por escravas. Debret louva o trabalho dessas mulheres falando de roupas bem passadas por preços módicos. Mostra ainda a criatividade delas, que utilizavam "vegetais saponáceos", como folhas de plantas e árvores, bosta de cavalo e suco de limão, para manter fixas as cores de tecidos de algodão e para lavar roupas finas. As roupas eram ainda perfumadas com flores como a rosa de quatro estações, o jasmim e a esponja.

A FAMÍLIA ESCRAVA

Estudos contemporâneos mostram que a visão de muitos estrangeiros sobre os escravos no século XIX foi marcada por uma mistura de preconceitos, fantasias e racismo, principalmente quando se tratava da vida sexual e familiar dos escravos, vista muitas vezes como extremamente desregrada, inclinada à promiscuidade. Pesquisas realizadas hoje tendem a mostrar o exagero dessas visões, afirmando que as famílias de escravos apresentavam certa estabilidade.

Depois da sua viagem ao Brasil, Rugendas escreveu:

[...] Em geral os colonos facilitam os casamentos entre escravos, pois sabem, por experiência, que é a melhor maneira de prendê-los à fazenda e a mais forte garantia de sua boa conduta. Entretanto,

não se pode negar que haja inúmeras exceções a essa regra e que, muitas vezes, os senhores, pelos seus exemplos, provoquem eles próprios a devassidão de costumes dos escravos.

A escravidão gerou falta generalizada de mulheres escravas, e Debret nos conta como alguns senhores resolviam brutalmente o problema:

Como um proprietário de escravos não pode, sem ir de encontro à natureza, impedir aos negros de frequentarem as negras, tem-se por hábito, nas grandes propriedades, reservar uma negra para cada 4 homens; cabe-lhes arranjar-se para compartilharem sossegadamente o fruto dessa concessão, feita tanto para evitar os pretextos de fuga como em vista de uma procriação destinada a equilibrar os efeitos da mortalidade.

Debret, depois de enfatizar a solidez de casamentos entre brancos e negras libertas, iria afirmar: "A negra é extraordinariamente sensual, embora fiel e casta no casamento".

Pesquisas recentes mostram que um grande número de escravos procuravam manter laços de família, mesmo nas condições extremamente adversas criadas pela instituição servil. Essas relações familiares eram mantidas principalmente pelas mulheres negras ou mulatas, libertas ou escravas, que, com frequência, chefiavam as famílias na ausência dos homens.

CAPÍTULO 6

UMA CLASSE OCIOSA

Observando desenhos e pinturas sobre a sociedade brasileira do início do século XIX, é possível explicar por que os brancos desenvolveram uma mentalidade que não valorizava o trabalho e que via, na ostentação do ócio, um sinal de riqueza e prestígio social.

BRANCOS RICOS E POBRES

Os brancos ricos, que viviam no campo e nas cidades, eram proprietários de terras e escravos, grandes comerciantes, políticos, militares e altos funcionários do Estado português e, depois, do Estado imperial brasileiro.

Essa classe dominante estava organizada sob a forma de famílias patriarcais, cujos membros frequentemente casavam entre si. Os brancos em geral tendiam a hipervalorizar e a imitar tudo o que vinha da Europa, principalmente dos países capitalistas avançados, como França e Inglaterra. Debret, falando de moda no sentido amplo, o que envolvia roupas, maneiras, comidas e formas de pensar, dizia que o país estava passando da moda anglo-portuguesa para a moda francesa. Para ele, como para a elite local, era pela imitação dos europeus que o Brasil avançaria rumo à civilização.

Principalmente Debret e Rugendas foram os retratistas de uma história oficial em que aparecem vários membros da classe dominante. No terceiro volume da *Viagem pitoresca e histórica ao Brasil*, encontra-se a maioria das cenas históricas reverenciadas pela elite, como a aclamação do rei D. João VI, o desembarque da princesa Leopoldina, a coroação de D. Pedro I, além de retratos de membros da família real, de desembargadores, ministros, militares, damas de honra da Corte, tudo em meio a grande pompa. Mas Debret foi além dessas poses oficiais, desenhando algumas cenas do cotidiano, nas quais aparecem as relações dessa classe abastada com a escravidão e a sua frequente ostentação de poder e ócio.

Quanto a esses retratos, é exemplar o desenho "Um funcionário a passeio com sua família", que alguns historiadores veem como uma cena símbolo das classes dominantes e da família patriarcal no Brasil. Esse funcionário, escreveu o artista nas suas notas, era um elemento de fortuna média, que, com grande ostentação, abria a marcha de sua família pelas ruas, seguido por suas filhas, a mulher grávida e um séquito de escravos domésticos; Debret ainda assinalou, no final da fila, a presença de um menino, "novo negro recém-comprado, escravo de todos os outros e cuja inteligência natural mais ou menos viva vai desenvolver-se a chicotadas".

No campo, entre os cultivadores, as anotações descrevem duas classes de homens brancos. A primeira, que o autor assemelhou aos senhores feudais europeus, possuía, desde o início dos tempos coloniais, os engenhos, as mais extensas e melhores terras, além de privilégios os mais diversos, muitas vezes apoiados em leis.

Existia também uma segunda classe, de brancos pobres, que arrendavam terras dos grandes latifundiários, pelas quais deviam pagar, e das quais podiam ser despejados sem nenhum direito, deixando na terra as melhorias por ventura feitas. E, sobre eles, o artista acrescentou:

Desanimados com isso, sem futuro, sem apoio na justiça, esses escravos brancos, verdadeiros cultivadores no entanto, únicos artífices de todo o progresso da agricultura no Brasil, vegetam nas suas choças cercadas de bananeiras e se limitam, com razão, às vezes, a cultivar para a subsistência de sua família um pouco de mandioca ou de cana-de-açúcar, reduzidos por uma lei iníqua a uma posição muito mais precária que a do selvagem brasileiro, o qual conserva pelo menos o direito imprescritível de disputar pela força a posse de sua terra natal.

No Rio de Janeiro, os brancos pobres eram funcionários, pequenos comerciantes, alguns artesãos, soldados e padres, pessoas que no final da tarde iam "tomar a fresca" em alguns dos passeios públicos. A maior parte deles, principalmente funcionários, soldados e padres, mantinha uma relação de dependência diante dos ricos, políticos e altos funcionários. Apesar de trabalharem, imitavam a classe dominante na valorização do ócio e na rejeição ao trabalho, principalmente o manual e o técnico. Para muitos entre eles carregar um simples embrulho significava diminuição de prestígio, sendo necessário que isso fosse feito por um negro de ganho.

COTIDIANO, ÓCIO E LAZERES NA CIDADE

Principalmente nas famílias brancas abastadas do Rio de Janeiro, a hora do chamado jantar, ainda que fosse variável, correspondia aproximadamente ao horário do almoço no Brasil do século XX, isto é, a partir do meio-dia, sendo sucedida por uma sesta que durava entre duas e três horas. Debret aconselhou, ao "estrangeiro que desejasse comprar alguma coisa numa loja, evitar perturbar o jantar do negociante, pois este, à mesa, sempre mandava responder que não tinha o que o cliente queria".

No que diz respeito ao cardápio, na casa das famílias ricas era habitual a sopa de pão e caldo gordo feita com carne de vaca, linguiça, toucinho e alguns legumes. Outro prato frequente era o cozido com carnes, legumes e pirão, este feito com farinha de mandioca, caldo de carne ou peixe, tudo com muita pimenta. Quanto às sobremesas, são mencionados apenas o arroz-doce e uma série de frutas. Para os brancos pobres, um prato de todos os dias era o feijão com charque e farinha, refeição que, às vezes, era acompanhada por carne de porco ou peixe.

Debret, sempre preocupado em mostrar a civilização europeia chegando ao Brasil, registrou que começavam a se estabelecer aqui restaurantes e padarias criados por italianos, alemães e franceses, que iriam mudar as formas de comer dos brasileiros ricos.

O longo período de ócio e lazer que sucedia o jantar dos ricos e podia estender-se noite adentro foi descrito da seguinte forma:

[...] O brasileiro, com a boca abrasada pelo estimulante dos temperos e literalmente queimada pelo café fervendo, já quase sem roupa, procura quase em vão em seus cômodos a sombra e o descanso, pelo menos durante duas ou três horas; adormecendo afinal, banhado de suor, acorda lá pelas seis horas da tarde, quan-

do principia a viração. Com a cabeça um pouco pesada, cansada da digestão, manda trazer um enorme copo de água, que bebe, enxugando lentamente o suor que lhe orvalha o peito. Retomando pouco a pouco os sentidos, escolhe uma agradável distração que encha o tempo até o cair da noite, hora em que, feita a* toilette, *prepara-se para receber visitas ou sair a passeio.*

"O passatempo dos ricos depois do jantar", obra de Debret, registra o abandono melancólico a que se entregavam os brasileiros em sua varanda.

A distração subsequente ao chamado jantar muitas vezes tinha lugar na varanda, que existia até nas casas mais pobres, e era o lugar onde se podia tomar a fresca e usufruir da música, um dos principais divertimentos dos ricos da época, como se vê no texto abaixo:

É aí que, durante o silencioso descanso de depois do jantar, abrigado dos raios do sol, o brasileiro se abandona sem reserva ao império da saudade; essa delicada saudade, quinta-essência da volúpia sentimental, apossa-se então de seu devaneio poético e musical, que se exprime nos sons expressivos e melodiosos da flauta, seu instrumento de predileção, ou por um acompanhamento cromático improvisado no violão e cujo estilo apaixonado ou ingênuo colore sua engenhosa modinha. Satisfeito com esse passatempo, que lhe dá uma nova posição, prepara no encantamento do seu sonho o novo triunfo que terá algumas horas mais tarde no salão.

Outro elemento fundamental na vida dos ricos era a liteira ou a rede usadas para transporte e carregadas por escravos. Com elas chegavam a ser realizadas até mesmo viagens, conforme podemos notar em desenhos como "O regresso de um proprietário" e "Liteira para viajar no interior".

Debret descreveu principalmente a vida dos ricos na cidade. Mas, num desenho intitulado "Os refrescos do Largo do Palácio", tratou de um tipo de branco que não exercia ocupação alguma, pois tratava-se de um

[...] pequeno capitalista, proprietário de um ou dois escravos negros, cuja renda diária, recolhida semanalmente, basta a sua existência. Satisfeito com essa fortuna, ou melhor, com a posse desse imóvel, adquirido por herança ou com o fruto de suas economias, emprega filosoficamente o resto da vida na monotonia dos passatempos habituais.

Esse homem tranquilo, observador religioso dos usos brasileiros mais tradicionais, levanta-se antes do sol, percorre com a fresca uma parte da cidade, entra na primeira igreja aberta, reza ou ouve missa e continua o seu passeio até as seis horas da manhã. Volta, então, despe-se, almoça, descansa, limpa seus trajes, janta ao meio-dia, faz a sesta até duas ou três horas da tarde, torna a fazer a toilette *e sai de novo às quatro horas.*

É, por conseguinte, lá pelas quatro horas da tarde que se podem ver esses homens de pequenas rendas chegar de todas as ruas adjacentes ao Largo do Palá-

cio, a fim de sentarem nos parapeitos do cais, onde têm por costume respirar o ar fresco até a hora da ave-maria.

Nessas e noutras cenas, o que aparece são as formas de vida geradas pela sociedade escravista, as quais possibilitaram aos brancos, ricos ou pobres, fazer da preguiça e do ócio valores nacionais, já que eles pouco se envolviam com as atividades produtivas desempenhadas pelos escravos.

"Os refrescos do Largo do Palácio", gravura de Debret que ilustra o ócio e o lazer dos brancos "remediados" no fim da tarde.

CAPÍTULO 7

CASTIGOS E FESTAS

Nos desenhos de vários artistas no Brasil do início do século XIX, encontramos diversas cenas de festas, castigos públicos e espetáculos os mais variados, de caráter oficial ou popular. Surpreende verificar que as festas populares eram realizadas principalmente pelos negros, escravos ou libertos, pessoas exploradas, humilhadas e castigadas de forma pública ou privada, para que a sociedade escravista continuasse a funcionar.

Várias festas e celebrações mostravam a permanência da cultura negra, que, mesmo integrada de forma compulsória à cultura católica dos senhores, conservou inúmeros dos seus traços africanos.

A historiografia, principalmente no final do século XX, tem conseguido resgatar parte dessa cultura negra e da contínua e cotidiana resistência dos negros contra a escravidão, que obrigava os senhores a uma constante vigilância acompanhada de castigos os mais diversos.

VIGIAR E PUNIR

Tratando de problemas da construção civil no Rio de Janeiro, Debret escreveu:

Não é de espantar que a pedra se pague tão caro no Rio de Janeiro, pois isso se deve à lentidão da mão de obra, abuso esse que não poderá ser reprimido enquanto esse duro trabalho, que repugna aos brancos, for executado sem abrigo contra raios de sol e unicamente por escravos negros, que não têm nenhum interesse em apressá-lo.

Esse desinteresse dos escravos pelo trabalho vai aparecer em diferentes escritos desde os primeiros tempos do período colonial. Era uma das formas da resistência contra a escravidão, assim como as fugas, a criação de quilombos, os suicídios, além das rebeliões, que, muitas vezes, resultavam no assassinato dos senhores e até mesmo das suas famílias.

O medo e as preocupações em relação aos escravos eram parte importante no dia a dia dos senhores, e, como era comum na época, para se defender e manter o trabalho dos negros, boa parte dessa classe dominante acreditava apenas na repressão, que chegava a ganhar formas bestiais.

As fugas dos cativos aconteciam frequentemente desde o início da escravidão e continuaram de forma crescente no século XIX. Os quilombos representavam a possibilidade de vida nova e incentivavam novas fugas, além de constituírem uma ameaça para as fazendas mais isoladas, que podiam ser saqueadas pelos quilombolas. Entre os fugitivos capturados, os que recebiam os castigos mais duros eram os participantes de quilombos, principalmente os chefes.

Os castigos

Diante das variadas formas de resistência dos negros, os castigos físicos tornaram-se parte do dia a dia dos escravos, variando desde suplícios que poderiam conduzir à morte até privações de comida, chibatadas ou bofetões por pequenas falhas no trabalho diário.

Nas anotações para o desenho "Feitores castigando negros", podemos ler: "Nas fazendas, antes da independência, a maioria dos feitores eram portugueses, que gozavam da fama de serem extremamente brutais e que faziam questão de aplicar os castigos pessoalmente".

O artista ainda conta que era também comum os feitores encarregarem outros escravos na aplicação de chicotadas, mas

Quando um feitor desconfia do carrasco, faz colocar atrás dele um segundo escravo, igualmente armado de chicote, para agir quando necessário, e, levando mais longe ainda suas precauções tirânicas, coloca-se ele próprio em terceiro lugar, para castigar o fiscal no caso em que este não cumpra seu dever com bastante severidade.

Nas fazendas, os castigos ficavam na dependência da vontade dos senhores e principalmente dos feitores. No entanto, desde o século XVII, a administração portuguesa procurou limitar, entre cinquenta e duzentos, o número de açoites que um escravo podia sofrer por faltas comuns, e estabeleceu que a aplicação das penas máximas devia ser dividida em duas etapas com um dia de intervalo entre elas.

No início do século XIX, os senhores podiam, mediante o pagamento de pequena taxa, mandar prender os escravos e encarregar a polícia local de castigá-los, o que muito frequentemente era realizado em público, geralmente em praças onde existia um pelourinho, chamado pelo povo de "pau da paciência". A esse respeito as anotações de Debret são quase uma reportagem, pois ele conseguiu transmitir muito do calor da hora:

Por isso, todos os dias, entre nove e dez horas da manhã pode-se ver sair a fila de negros a serem punidos; vão eles presos pelo braço, de dois em dois, e conduzidos sob escolta da polícia até o local designado para o castigo, pois existem em todas as praças mais frequentadas da cidade pelourinhos erguidos com o intuito de exibir os castigados, que são em seguida devolvidos à prisão. [...]

De regresso à prisão, a vítima é submetida a uma segunda prova, não menos dolorosa: a lavagem das chagas com vinagre e pimenta, operação sanitária destinada a evitar a infecção do ferimento.

Mas existiam penas mais terríveis, reservadas aos chefes de quilombos e aplicadas como um espetáculo, que foi descrito da seguinte forma:

Esse condenado, cuja aparência inspira terror à multidão que o acompanha, sai da cadeia acorrentado com o carrasco; carrega um cartaz em que se escreve em letras grandes: "Chefe de quilombo". A pena prevista é de trezentas chibatadas, dadas durante vários dias com intervalos. No primeiro dia recebe ele cem, à razão de trinta de cada vez, em diferentes praças públicas, onde é exibido sucessivamente. Mas, naturalmente, a última execução abre novamente as chagas já profundas e ataca algumas veias importantes, provocando tal hemorragia que, regressando à prisão, o negro desmaia e sucumbe a ataques de tétano.

[...]

O povo admira a habilidade do carrasco, que, ao levantar o braço para aplicar o golpe, arranha de leve a epiderme, deixando-a em carne viva depois da terceira chicotada. Conserva ele o braço levantado durante o intervalo de alguns segundos entre cada golpe, *tanto para contá-los em voz alta como para economizar suas forças até o final da execução. Aliás, tem o cuidado de fabricar ele próprio seu instrumento, a fim de facilitar essa tarefa. Trata-se com efeito de um cabo de chicote de um pé* de comprimento, com sete a oito tiras de couro bastante espessas e bem secas e retorcidas. Esse instrumento contundente nunca deixa de produzir efeito quando bem seco, mas, ao amolecer pelo sangue, precisa o carrasco trocá-lo, mantendo para isso cinco ou seis a seu lado, no chão.*

Tal espetáculo público tinha o objetivo de intimidar a massa escrava. Mas existiam outros castigos que praticamente faziam parte da vida privada da época. Um deles eram os bolos, ou seja, pancadas dadas nas mãos com palmatórias, em número de uma a três dúzias, de acordo com a falta cometida. No desenho intitulado "Sapatarias", o castigo pode ser visto sendo executado pelo português dono de uma loja, enquanto "a mulata, mulher, embora aleitando uma criança, não resiste ao prazer de espiar o castigo". Os outros escravos, presentes à cena, que poderiam ser também vítimas, continuam o trabalho e fingem não ver o que está acontecendo.

Trabalhos e castigos no cotidiano, retratados em "Sapatarias", de Debret.

Outro instrumento de punição e tortura, muito usado nas fazendas e nas cadeias, era o chamado tronco, que consistia em prender em moldes de madeira os punhos, pernas e pescoço dos cativos.

Aos negros fugidos recapturados, além dos açoites costumeiros, eram acrescentados outros suplícios: alguns eram marcados com ferro em brasa, em parte visível do corpo, com um *F* de fujão, o que tornava fácil a sua identificação; outros passavam longo tempo arrastando pesadas correntes presas aos pés e à cintura, bem como colares de ferro no pescoço, o que tornava fácil agarrá-los.

Nos desenhos e nas anotações, aparecem alguns negros e mulatos, "escravos antigos" ou libertos, que ajudavam os senhores na repressão e exploração dos cativos. Negros novos, às vezes crianças, recém-chegados a uma casa, eram explorados e espancados por outros escravos. Alguns alforriados compravam e mantinham escravos; tornou-se famoso o caso da mulata que, liberta e possuidora de certo cabedal, só comprava escravos mais claros do que ela. Carrascos negros chicoteavam publicamente cativos, e os capitães do mato, com ajudantes, negros ou mulatos, ganhavam 4 mil-réis por escravo fugido que capturassem e entregassem acorrentado ao seu senhor. Os brancos incentivavam o trabalho desses negros como uma das formas de dividir e de criar dissensões no seio da massa escrava.

AS FESTAS

Para Debret era claro que o sistema escravista não se mantinha apenas pela vigilância e pelos castigos, e ele mostrou também que uma das formas de aliviar os horrores do sistema escravista eram as festas.

Espetáculos, celebrações e festejos eram promovidos pelo governo, pela Igreja e pelos próprios negros. O governo promovia espetáculos visando ostentar o seu poder, como era o caso das coroações, casamentos de príncipes, enterros oficiais, desfiles de tropas, execuções de criminosos ou castigos públicos de escravos. As festas religiosas em comemoração ao Natal, à Semana Santa e a outros dias de santos e de rituais cristãos eram realizadas pela Igreja Católica e tinham a participação de brancos e negros. Estes, no entanto, muitas vezes conseguiram manter algumas festividades ligadas à cultura africana, não obstante as proibições por parte dos seus senhores.

Sobretudo depois que chegavam da África, os escravos começavam a sofrer um processo de destruição da sua antiga cultura. Eram batizados de forma compulsória, passando a ser membros da Igreja Católica. Os senhores e o catolicismo promoviam essa destruição da cultura dos vários povos africanos, às vezes de forma explicitamente intencional. Dessa maneira desapareceram línguas, deuses e crenças religiosas, laços familiares, festas, usos e costumes, formas de organização social e política, e outras manifestações da cultura original dos cativos. Estes, no entanto, conseguiram preservar inúmeros dos seus traços culturais, muitas vezes africanizando elementos da cultura dos brancos. É fato conhecido, por exemplo, que, para continuar no Brasil o culto a divindades africanas, os negros as identificaram a santos católicos, como São Jorge, São Benedito ou a Virgem Maria.

Um exemplo de prática cultural quase sempre proibida, mas mantida clandestinamente, foi a capoeira, misto de dança e luta, retratada principalmente por Rugendas e, de passagem, em alguns desenhos de Debret. Essa prática dos negros, que constituía um perigo para os brancos, mesmo continuamente proibida até o início do período republicano, foi mantida e aperfeiçoada na clandestinidade.

As proibições e censuras à atividade cultural dos negros eram várias. Por exemplo, uma lei do governo português de 1749 proibia negros e mulatos, mesmo libertos, de se vestirem com roupas que fossem consideradas melhores que as dos brancos e de portarem joias de ouro e prata. Debret nos conta que

> *[...] com a presença da Corte no Rio de Janeiro, proibiram-se aos pretos as festas fantasiadas extremamente ruidosas a que se entregavam em certas épocas do ano para lembrar a mãe-pátria; essa proibição privou-os igualmente de uma cerimônia extremamente tranquila, embora com fantasias, que haviam introduzido no culto católico.*

Ele conta ainda que, mesmo em terras brasileiras, os negros mantiveram veneração por aqueles que eram apontados como descendentes de chefes e reis africanos. Essa atitude era tão forte que foi respeitada pelos senhores. Nas anotações sobre o desenho "Enterro do filho de um rei negro", podemos ler:

> *Não é extraordinário encontrarem-se, entre a multidão de escravos empregados no Rio de Janeiro, alguns grandes dignatários*

etiópicos e mesmo filhos de soberanos de pequenas tribos selvagens. É digno de nota que essas realezas ignoradas, privadas de suas insígnias, continuem veneradas por seus antigos vassalos, hoje companheiros de infortúnio no Brasil [...].

É comum, quando dois pretos se encontram a serviço na rua, o súdito saudar respeitosamente o soberano de sua casta, beijar-lhe a mão e pedir-lhe a bênção. Dedicado, confiando nos conhecimentos de seu rei, consulta-o nas circunstâncias difíceis. Quanto aos "escravos nobres", graças à sua posição, conseguem de seus súditos os meios suficientes para comprar a própria liberdade; e desde então empregam escrupulosamente toda a sua atividade no reembolso da dívida sagrada.

O enterro de um desses reis africanos era um evento extremamente concorrido pela gente do povo e por representantes de várias nações negras. Formava-se uma procissão que saía da casa do defunto para uma das igrejas de negros. À frente um mestre de cerimônias abria passagem com um bastão, seguido por músicos e malabaristas que faziam demonstrações, em meio aos sons de foguetes, palmas ritmadas e cantos dos participantes. E Debret comenta: "Finalmente, terminada a cerimônia, os soldados da polícia dispersam a chibatadas os últimos grupos de vadios, para que tudo termine dentro das normas brasileiras".

A morte e o sepultamento eram preocupações centrais na cultura de brancos e negros. Por causa da escravidão, as preocupações

A difícil manutenção das tradições culturais africanas, registrada em "Enterro do filho de um rei negro", de Debret.

dos negros eram muito maiores. Via de regra, quando morria um negro, os senhores mandavam enterrá-lo em qualquer canto e de qualquer jeito.

Alguns viajantes notaram que, em várias partes do Brasil, cadáveres de escravos ficavam praticamente insepultos ao serem jogados ao mar ou em covas rasas de alguns lugares retirados. No Rio de Janeiro, a Câmara Municipal foi uma das primeiras, em todo o Brasil, a estabelecer cemitérios para negros e mulatos, com a ajuda de algumas irmandades e ordens religiosas formadas apenas por brancos, nas quais era vetada a participação de negros e mulatos. Aos poucos foram surgindo as irmandades de "gente de cor" visando a construir igrejas e ajudar nos sepultamentos. Debret observou que os enterros de crianças, os chamados anjinhos, e de mulheres negras pobres eram realizados principalmente por negras livres pertencentes a alguma irmandade. Ele mencionou, mais de uma vez, o costume de acompanhar os enterros com cânticos e palmas ritmadas, o que dava a essas cerimônias um caráter festivo.

Uma festa de brancos

O carnaval era uma festa de origem europeia, que precedia a entrada do período da quaresma, sendo por isso chamado de entrudo, termo que tem origem na palavra latina *introitus*. Nas ruas de algumas cidades brasileiras, principalmente no Rio de Janeiro, os três dias de festa, que começavam no domingo, assumiam um aspecto violento. Os brancos participavam das festividades atirando, em todos os que passavam nas ruas e mesmo nos que estavam nas casas, recipientes feitos de cera, cheios d'água, semelhantes a limões grandes, os chamados limões de cheiro. Os negros faziam algo semelhante entre si, mas utilizando grandes vasilhas de água e farinha. Debret, que desenhou a "Cena de carnaval", registrou a violência que sofriam as negras de ganho, as quais, obrigadas a continuar nas ruas pelos seus senhores, frequentemente eram atacadas com farinha e água. Nas anotações ele ainda registrou os primeiros sinais de mudança no velho entrudo: o surgimento de blocos, formados por negros mascarados e fantasiados, que desfilavam para uma plateia.

Outra grande festa da liturgia católica, da qual participavam escravos e libertos, em meio a grande animação e foguetório, era a

Em "Cena de carnaval", de Debret, escravas de ganho em meio à violência do entrudo.

Na prancha intitulada "O judas do sábado de aleluia", Debret registra uma das festas da liturgia católica.

malhação de judas no sábado de aleluia. Depois de uma semana de confissões, penitências e rezas, a festa eclodia na manhã do sábado, quando o diabo devia enforcar judas.

Debret nos informa que a festa havia sido proibida no Rio de Janeiro com a chegada da "Corte de Portugal, sempre desconfiado dos ajuntamentos populares". Restaurada depois da independência, ganhou um colorido político, pois no sábado de aleluia de 1831, pouco antes da sua partida para a França, ele viu "... nas praças da cidade um simulacro do enforcamento de algumas personagens importantes do governo, como o ministro intendente-geral e o comandante das forças militares de polícia".

A música de uma "classe indigente"

Um dos aspectos importantes da cultura dos negros e mulatos era a música. Referindo-se no geral ao músico negro, Debret escreveu que era possível

[...] encontrar numa mesma pessoa um barbeiro hábil, um cabeleireiro exímio, um cirurgião familiarizado com o bisturi e um destro aplicador de sanguessugas. Dono de mil talentos, ele tanto é capaz de consertar a malha escapada de uma meia de seda como de executar, no violão ou na clarineta, valsas e contradanças francesas, em verdade arranjadas a seu jeito.

E essa musicalidade não era apenas dom de profissionais. Nas mais diversas atividades de rua, era possível observar momentos em que grupos de negros e mulatos, homens e mulheres, cantavam e dançavam, acompanhados pelo som ritmado das palmas das mãos e pelos sons de instrumentos improvisados como "cacos de pratos, pedaços de ferro, conchas ou pedras ou mesmo latas e pedaços de madeira". E o artista francês, um tanto melancólico, não deixou de acrescentar: "Mas, terminada a canção, o encanto desaparece; cada um se separa friamente, pensando no chicote do senhor e na necessidade de terminar o trabalho interrompido por esse *intermezzo** delicioso".

CAPÍTULO 8

UM EPÍLOGO COM NOVOS RETRATOS DO BRASIL

Em 1831, depois de quinze anos em terras brasileiras, Debret partiu definitivamente para a Europa. Alguns anos depois da sua chegada à França, ele publicou o seu álbum de litografias com as imagens que havia criado no Brasil. Ele e Rugendas foram os últimos grandes desenhistas estrangeiros que passaram por aqui. A partir daí, várias mudanças ocorreram no país e nas artes. O que permaneceu da sociedade brasileira que eles haviam retratado? Por que não apareceram mais grandes desenhistas estrangeiros no país?

UM BRASIL PARA FRANCÊS VER

No início do segundo volume do seu álbum, tratando do Brasil em termos gerais e de forma extremamente otimista, Debret escreveu:

O Rio de Janeiro tornou-se, então, a capital do império e o centro donde a civilização iria irradiar-se por todas as partes do território. Com efeito, logo o luxo criou artífices hábeis; as ciências formaram sociedades de encorajamento; a arte conquistou adeptos e a tribuna, oradores. Por sua vez, deixando a pátria, o jovem brasileiro visita, hoje em dia, a Europa, anota o que vê acerca das ciências e da indústria e, enriquecido com esses preciosos documentos, torna-se um sustentáculo de sua pátria regenerada. Mas não é só na Europa que ele vai buscar inovações; pede-as também à Ásia, e o camelo, esse carregador do árabe, já se reproduz no Brasil desde 1834, um ano após a introdução da primeira leva.

E a visão idílica sobre o Brasil e os brasileiros continuava:

Com muita justiça os viajantes que percorreram o Novo Mundo citam o brasileiro como o habitante mais cortês e afável da América do Sul. Essas qualidades ele as deve em parte à influência de um clima delicioso, que, fecundando-lhe as belas plantações, apenas exige dele que fiscalize sossegadamente as abundantes colheitas, cuja exportação constitui a base do seu comércio marítimo.

Com sua independência reconhecida pelas potências europeias e com o direito de gerir os seus próprios interesses, vive ele feliz com sua atividade e conserva uma atitude tranquila, em meio às comoções populares que cobrem de sangue a América Espanhola [...].

Debret, o grande realista em termos de pintura, mostrava nos seus álbuns uma visão idealizada, quase idílica do Brasil: o clima era delicioso, plantando se conseguiam belas colheitas sem muito esforço, e o país era uma ilha de tranquilidade. Tal forma de pensar era típica da nova classe dominante brasileira, que havia hospedado o artista. Logo depois da independência, essa classe necessitava de um pensamento romântico e ufanista como forma de consolidar o novo país que ela dominava.

MUDANÇAS E PERMANÊNCIAS

Em 1831, no momento em que Debret partia definitivamente para a Europa, o país cada vez mais se afastava dessa visão idealizada. As mudanças mais bruscas ocorreram em termos políticos: a abdicação de D. Pedro I, com o início do período regencial, iniciou uma fase de intensas lutas sociais e políticas, e de revoltas de escravos, na capital e nas províncias, lutas que duraram muitos anos e colocaram em perigo a unidade imperial do país e o domínio da classe dominante que Debret havia retratado na sua pintura oficial. Durante muitos anos, o Brasil viveu uma situação de instabilidade política, parecida com a dos países da América espanhola, que só começou a ser superada com o chamado golpe da maioridade de D. Pedro II.

Em termos econômicos e sociais, as mudanças foram lentas porém profundas: o desenvolvimento da economia cafeeira gerou a força da nova classe dos barões do café, a qual, primeiro no Rio de Janeiro e depois em São Paulo, foi dominando a política no Império Brasileiro, ao mesmo tempo que declinava o poder da classe dominante do Nordeste.

Debret, ao que parece, pensava que "a marcha da civilização" no país resultaria no fim gradual da escravidão, principalmente porque a Inglaterra pressionava o governo brasileiro a pôr fim ao tráfico de africanos. No entanto, no momento em que ele partiu, o café já era o principal produto de exportação do país, e a sua expansão fez crescer como nunca a escravidão e o tráfico pelo Atlântico, que durou até 1850. As cenas brutais da escravidão, que ele e Rugendas haviam desenhado na década de 1820, iriam durar muitos anos nas grandes fazendas, enquanto a imigração europeia, uma esperança de progresso para os dois, teria de esperar as últimas décadas do século XIX para ocorrer.

Mesmo assim o Império viveria uma série de importantes mudanças em termos materiais. No Brasil, o camelo não deu certo como meio de transporte, mas as primeiras estradas de ferro logo surgiriam, em meio a outras mudanças realizadas principalmente na região conhecida mais tarde como Sudeste. Ocorreu um crescimento das cidades, principalmente do Rio de Janeiro, coração político-administrativo do Brasil, que os desenhistas haviam contribuído para transformar numa "cidade maravilhosa" aos olhos do mundo. São Paulo, que eles haviam retratado como uma pequena cidade, teria de esperar algumas décadas para tornar-se o principal centro da cafeicultura e da imigração europeia.

Nas ideias dos brasileiros sobre as paisagens do seu país, continuaram a ter grande influência as obras que Debret e outros artistas haviam deixado; o estilo neoclássico, que chegou ao Brasil com a Missão Francesa, continuou a ser usado na construção de grandes casas e de edifícios públicos.

OS NOVOS RETRATOS

As mudanças materiais no século XIX alteraram pouco o caráter neocolonial da sociedade brasileira. Manteve-se a ideologia, de que Debret foi um expoente, segundo a qual o progresso e a civilização

"Vendedoras de frutas", retrato tirado na Bahia, por volta de 1865. Nessa época, a fotografia gradativamente começou a substituir os desenhos e as pinturas na retratação da realidade.

deviam vir de fora e principalmente da Europa. A influência cultural da França continuou a predominar, manifestando-se sobretudo nas artes plásticas, na arquitetura e na literatura. A Academia de Belas-Artes do Rio de Janeiro, que os franceses haviam fundado, continuou a ser o principal centro das artes plásticas no país, formando, na melhor tradição francesa, pintores históricos como Pedro Américo e Vítor de Meireles. Em grande parte por causa do trabalho escravo barato, a indústria e o progresso técnico-científico do país continuavam muito lentos. O país, até o século XX, seria grande importador de produtos industriais e principalmente de máquinas e tecnologia.

Em 1842, os álbuns de Debret haviam sido publicados na Europa, e Rugendas foi homenageado pelo governo do Império com uma exposição que contava principalmente com as suas obras sobre o Brasil. Logo depois, ele voltaria definitivamente para a Europa. Estava chegando ao fim um período, iniciado com a chegada de Debret a este país em 1816, em que a sociedade brasileira havia sido retratada por uma série de bons desenhistas e pintores europeus. Foi então que surgiu uma nova forma de retratar essa sociedade. Em meio à grande admiração dos nativos, apareceu no Rio de Janeiro, em 1840, uma das mais recentes novidades tecnológicas francesas, o daguerreótipo, que logo se transformaria na máquina fotográfica. A partir de então, cada vez mais, a fotografia iria roubar da pintura e do desenho a arte de fazer belos retratos da natureza, dos indivíduos e da vida social.

Vocabulário

ALUÁ: bebida refrigerante, feita de milho, arroz ou abacaxi.

ALUVIÃO: depósito de areia, terra e cascalho que se forma nas margens dos rios.

BÁVARO: natural da Baviera, um dos Estados da Alemanha.

BEATARIA: comportamento religioso que tende a um fanatismo ingênuo.

CHARQUEADAS: fazendas onde se prepara o charque (carne-seca).

EITO: roça onde trabalhavam escravos.

***INTERMEZZO*:** intervalo.

LITOGRAFIAS: gravuras elaboradas a partir de gravação em pedra ou metal.

***MÉNAGERIE*:** lugar em que ficam presos animais selvagens.

MIASMAS: emanações, cheiros provenientes de substâncias em decomposição.

MUARES: mulas.

PÉ: unidade de medida, de origem inglesa, equivalente a 30,48 cm.

PICTÓRICA: própria da pintura.

SERRALHO: parte do palácio do sultão turco onde permaneciam as mulheres; harém.

TZARISTA: relativo ao tzarismo, sistema político russo em que reinavam os tzares.

VIRAÇÃO: vento suave que costuma vir do mar.

CRONOLOGIA

1760 Início da Revolução Industrial na Inglaterra.

1768 Nascimento de Jean-Baptiste Debret, em Paris.

1776 Declaração de independência das treze colônias inglesas da América.

1789 Início da Revolução Francesa.

1792 Início das guerras da Revolução Francesa na Europa.

1799 Napoleão Bonaparte sobe ao poder na França.

1802 Nascimento de Johann Moritz Rugendas, em Augsburg, na Baviera.

1807 Invasão de Portugal pelo Império Napoleônico; vinda da Corte portuguesa para o Brasil.

1808 Início da luta pela independência nos países da América espanhola.

1810 Tratado de Amizade e Comércio entre Portugal e Inglaterra.

1815 Fim do Império Napoleônico depois da derrota em Waterloo.

1816 Chegada da Missão Francesa ao Rio de Janeiro (março); coroação de D. João VI; o Brasil é elevado à categoria de Reino Unido a Portugal e Algarves.

1817 Chegada ao Brasil da princesa Leopoldina, de Thomas Ender e dos naturalistas Spix e Martius; Revolução Liberal em Pernambuco.

1819 Retorno de D. João VI a Portugal.

1822 Independência do Brasil; Rugendas chega ao Rio de Janeiro para trabalhar como desenhista na Expedição Langsdorff.

1824 Confederação do Equador contra o governo de D. Pedro I; no seu retorno à Europa, Rugendas passa por Salvador e pelo Recife.

1827 Início da publicação, em fascículos, do álbum de Rugendas *Viagem pitoresca através do Brasil.*

1829 Criação da Escola Imperial de Belas-Artes no Rio de Janeiro.

1831 Abdicação de D. Pedro I; retorno de Debret à Europa; no México, início da viagem de Rugendas pela América espanhola, a qual irá durar até 1845.

1834 Na França, publicação do álbum *Viagem pitoresca e histórica ao Brasil*, de Debret, em três volumes.

1840 Fim do período regencial com a decretação da maioridade de D. Pedro II; chegada ao Brasil do daguerreótipo.

1848 Em Paris, morte de Debret.

1858 Na Baviera, morre Rugendas, aos 56 anos.

Bibliografia

ALENCASTRO, Luiz Felipe de. Vida privada e ordem privada no Império. In: ____ (org.). *História da vida privada no Brasil*: Império. São Paulo: Companhia das Letras, 1997.

COARACY, Vivaldo. *Memórias da cidade do Rio de Janeiro*. Belo Horizonte: Itatiaia; São Paulo: Edusp, 1988.

COSTA, Maria de Fátima, DIENER, Pablo. *A América de Rugendas*: obras e documentos. São Paulo: Estação Liberdade/Kosmos, 1999.

DEBRET, Jean-Baptiste. *Viagem pitoresca e histórica ao Brasil*. Belo Horizonte: Itatiaia; São Paulo: Edusp, 1989.

DEL PRIORE, Mary. *A mulher na história do Brasil*. São Paulo: Contexto, 1994.

DIAS, Maria Odila Leite da Silva. *Quotidiano e poder*. São Paulo: Brasiliense, 1984.

FREYRE, Gilberto. *Sobrados e mucambos*. Rio de Janeiro: Record, 1990.

KOMISSAROV, Boris. *Expedição Langsdorff*: acervo e fontes históricas. São Paulo: Ed. da Unesp, 1994.

KOSSOY, Boris. *Fotografia e história*. São Paulo: Ática, 1989.

LEITE, Ilka Boaventura. *Antropologia da viagem*. Belo Horizonte: Ed. da UFMG, 1996.

LEITE, Miriam Lifchitz Moreira. *Livros de viagem*: 1803-1900. Rio de Janeiro: Ed. da UFRJ, 1997.

LISBOA, Karen Macknow. *A nova Atlântida de Spix e Martius*: natureza e civilização na "Viagem pelo Brasil (1817-1820)". São Paulo: Fapesp/Hucitec, 1997.

MACHADO, Maria Helena P. T. Em torno da autonomia escrava: uma nova direção para a história social da escravidão. *Revista Brasileira de História*, São Paulo, ANPUH/Marco Zero, 1988.

PRADO, J. F. de Almeida. *Jean-Baptiste Debret*. São Paulo: Nacional, 1973.

RUGENDAS, Johann Moritz. *Viagem pitoresca através do Brasil*. Belo Horizonte: Itatiaia; São Paulo: Edusp, 1989.

SLENES, Robert W. Lares negros, olhares brancos: histórias da família escrava no século XIX. *Revista Brasileira de História*, São Paulo, ANPUH/Marco Zero, 1988.

SOARES, Luiz Carlos. Os escravos de ganho no Rio de Janeiro do século XIX. *Revista Brasileira de História*, São Paulo, ANPUH/Marco Zero, 1988.

WAGNER, Robert. *Thomas Ender no Brasil*: 1817-1818. São Paulo: Adeva, 1997.

Exercícios

1. Durante os séculos XVIII e XIX aumentou o número de naturalistas europeus que realizaram estudos em vários países do mundo, inclusive no Brasil. De que forma o desenvolvimento do capitalismo, na Europa da época, influenciou esse tipo de trabalho?

2. Depois da Revolução Francesa de 1789, que mudanças ocorreram nas condições de formação e de trabalho dos artistas europeus?

3. Por que o olhar dos europeus no Brasil era capaz de observar melhor uma série de aspectos da realidade do país que passavam despercebidos pelos brasileiros?

4. Quais os temas mais importantes encontrados nas obras de Thomas Ender, Rugendas e Debret, e de que forma nelas se manifestou uma visão eurocêntrica?

5. Compare a situação econômica de Minas Gerais com a do Rio de Janeiro no fim do século XVIII e início do século XIX.

6. Que diferenças podem ser observadas entre as pinturas de Debret e Rugendas que retratam o mercado de escravos no Rio de Janeiro?

7. Compare a situação dos escravos de ganho com a dos escravos de aluguel no Rio de Janeiro do século XIX.

8. Que mudanças ocorreram nas condições de vida de algumas mulheres brancas no Rio de Janeiro do início do século XIX?

9. No Rio de Janeiro do século XIX, segundo Debret, existiam muitas negras livres. De que forma essas mulheres se libertavam e que trabalhos realizavam?

10. Segundo Debret, que diferenças sociais existiam entre os brasileiros brancos?

11. Como se pode explicar a postura dos brasileiros brancos em face do trabalho?

12. Quais as funções dos castigos públicos, festejos e espetáculos promovidos pelo governo do Brasil e por que alguns escravos recebiam castigos mais rigorosos?

13. De que forma Debret retratou as relações entre os negros e as artes?

14. Que visões sobre o Brasil, expressas no final do álbum de Debret, foram desmentidas pela realidade?

15. Na segunda metade do século XIX, as formas habituais de representar o Brasil por meio da pintura entraram em declínio. Por que ocorreu essa mudança?

DEBRET

Cenas de uma sociedade escravista

RESPOSTAS DOS EXERCÍCIOS

A coleção *O Olhar Estrangeiro* oferece aos estudantes de História a oportunidade de conhecer obras clássicas de autores estrangeiros que deixaram relatos preciosos sobre o passado do Brasil. Geralmente as fontes históricas apresentam uma linguagem difícil para os alunos do ensino fundamental ou médio, além de detalhamentos excessivos e desinteressantes para os não especialistas. Na coleção *O Olhar Estrangeiro*, o autor de cada livro facilita o acesso a essa rica documentação histórica ao selecionar, analisar e contextualizar trechos representativos dos originais.

Usando uma linguagem narrativa e estimulante, a coleção permite ao professor deflagrar discussões em sala de aula diretamente inspiradas em testemunhos raros do passado.

É um útil instrumento de aprendizagem que, ao recuperar antigos relatos de viagens, diários ou memórias de estrangeiros que aqui estiveram, desvenda com um pouco mais de profundidade a realidade brasileira de uma certa época, tanto no tocante aos processos produtivos, à conjuntura econômica e às questões políticas como com relação à observação dos usos e costumes de nossa gente e ao cotidiano do passado.

1. Durante os séculos XVIII e XIX aumentou o número de naturalistas europeus que realizaram estudos em vários países do mundo, inclusive no Brasil. De que forma o desenvolvimento do capitalismo, na Europa da época, influenciou esse tipo de trabalho?

O desenvolvimento do capitalismo, a partir da Revolução Industrial, e principalmente no século XIX, impulsionou a procura de novos mercados e de produtos os mais diversos que se encontravam fora da Europa. Essa busca tornou necessário maior conhecimento das diversas regiões do mundo, pelos europeus, o que foi alcançado, em parte, pelas grandes expedições de sábios naturalistas.

2. Depois da Revolução Francesa de 1789, que mudanças ocorreram nas condições de formação e de trabalho dos artistas europeus?

Principalmente a partir da Revolução Francesa de 1789, tornou-se mais fácil o processo de formação e a vida profissional dos artistas em geral. Isso aconteceu, em primeiro lugar, pela criação de museus públicos e das chamadas Escolas de Belas-Artes. Além disso, ocorreu um crescimento da procura de obras de arte, por parte de um novo público burguês e dos novos governos, empenhados em criar uma arte oficial que os representasse.

3. Por que o olhar dos europeus no Brasil era capaz de observar melhor uma série de aspectos da realidade do país que passavam despercebidos pelos brasileiros?

Para esses observadores europeus, grande parte daquilo que viam nos países do além-mar era algo novo, estranho, o que levava a comparações com os seus países de origem. Dessa forma, eles desenvolveram uma percepção mais aguçada em relação ao que acontecia na sociedade brasileira. Os brasileiros frequentemente não conheciam outros países para que pudessem realizar comparações. Além disso, estavam acostumados e acomodados à realidade do país, não percebendo, por exemplo, vários problemas a sua volta, como era o caso da escravidão, vista por eles como natural.

4. Quais os temas mais importantes encontrados nas obras de Thomas Ender, Rugendas e Debret, e de que forma nelas se manifestou uma visão eurocêntrica?

Os temas desses pintores foram os mais variados: a natureza com suas diversas paisagens, animais e plantas; os escravos, a vida e os trabalhos do povo em geral; os elementos da classe dominante; as cidades; os fatos da história do Brasil, como a independência. Vários desses temas foram tratados de acordo com valores europeus. Tal foi o caso das cores esmaecidas, mais próprias do cenário europeu, utilizadas por Thomas Ender para retratar paisagens do Brasil. Rugendas, empolgado pelo romantismo predominante na Europa, retratou índios com feições europeizadas e negros e índios com corpos gigantescos. Nos escritos de Debret, são inúmeras as afirmações sobre a superioridade da cultura europeia e sobre a inferioridade de negros e índios perante os europeus.

5. Compare a situação econômica de Minas Gerais com a do Rio de Janeiro no fim do século XVIII e início do século XIX.

Durante o século XVIII, Minas Gerais viveu um período de apogeu econômico devido à exploração do ouro e dos diamantes. Essa atividade mineradora fomentou a prosperidade do Rio de Janeiro, por onde passavam as importações e a exportação da região das minas. No início do século XIX, com o esgotamento da mineração, Minas Gerais passou por uma fase de declínio econômico, ainda que tenha desenvolvido uma nova economia baseada na criação de gado, na produção de laticínios, de feijão, de mandioca, além de alguns produtos manufaturados. No Rio de Janeiro, a prosperidade tornou-se ainda maior, uma vez que a cidade, sede da monarquia portuguesa, continuou a ser um grande empório comercial e o maior centro importador de escravos africanos.

6. Que diferenças podem ser observadas entre as pinturas de Debret e Rugendas que retratam o mercado de escravos no Rio de Janeiro?

Debret retratou os escravos à venda no mercado da rua do Valongo. Do seu ponto de vista realista, os escravos são esqueléticos e doentios, principalmente porque haviam acabado de fazer a travessia da África para o Brasil. Tal visão pode ser confirmada por outros depoimentos da época. O romantismo de Rugendas o levou a uma perspectiva diferente: no interior do navio negreiro ou no mercado de escravos, mesmo em meio a terrível opressão, os negros apresentam-se dotados de corpos jovens e vigorosos.

7. Compare a situação dos escravos de ganho com a dos escravos de aluguel no Rio de Janeiro do século XIX.

Os escravos de ganho, ao fim de um dia de trabalho, deviam entregar aos seus senhores uma quantia prefixada por estes, podendo ficar com o excedente que tivessem ganhado. Além disso, possuíam certo grau de autonomia, uma vez que trabalhavam principalmente nas ruas, fora do controle do senhor. Para alguns historiadores, esses escravos se assemelhavam aos trabalhadores assalariados. Os escravos de aluguel eram mandados a um trabalho predeterminado, muitas vezes arranjado por agências e geralmente controlados por feitores. O pagamento desse trabalho era entregue diretamente aos senhores.

8. Que mudanças ocorreram nas condições de vida de algumas mulheres brancas no Rio de Janeiro do início do século XIX?

As mudanças ocorreram entre um pequeno número de mulheres brancas da classe dominante, mas abriram caminho para outras transformações. Até o início do século XIX, tais mulheres pouco saíam em público, viviam em relativa reclusão nas casas e recebiam uma educação relacionada apenas à religião e aos afazeres domésticos. Em meio à influência estrangeira e às mudanças do período joanino, no Rio de Janeiro, ocorreram modificações na moda feminina e surgiram as primeiras escolas para mulheres, onde se ensinavam francês, geografia, aritmética, e outros conhecimentos que iam além das prendas domésticas.

9. No Rio de Janeiro do século XIX, segundo Debret, existiam muitas negras livres. De que forma essas mulheres se libertavam e que trabalhos realizavam?

Além das escravas domésticas, existia um grande número de negras e mulatas que, como escravas de ganho ou libertas, realizavam principalmente trabalhos como vendedoras e lavadeiras, circulando continuamente pelas ruas do Rio de Janeiro. Segundo Debret, várias escravas de ganho conseguiram tornar-se libertas ao comprarem a alforria depois de juntarem certo pecúlio. Outras deixavam de ser escravas graças aos seus amantes ou maridos, que eram brancos ou negros libertos.

10. Segundo Debret, que diferenças sociais existiam entre os brasileiros brancos?

Entre os brasileiros brancos, a classe dominante era formada por donos de fazendas ou de engenhos possuidores de numerosos escravos, pelos altos funcionários do Estado e pelos grandes comerciantes das cidades. No campo, existia ainda uma camada de pequenos proprietários de terras, totalmente dependente dos grandes senhores. Nas cidades, os brancos pobres eram funcionários públicos, pequenos comerciantes, artesãos, soldados e padres.

11. Como se pode explicar a postura dos brasileiros brancos em face do trabalho?

No Brasil, desde o início do período colonial, o trabalho manual passou a estar associado com a escravidão, enquanto a ostentação do ócio, típica da classe dos senhores, era vista como sinal de prestígio social. Um dos fundamentos desse tipo de mentalidade era a ausência de pequenos proprietários rurais, dada a extrema concentração da propriedade de terra nas mãos de alguns poucos senhores, que fizeram do latifúndio escravocrata a base da produção colonial.

12. Quais as funções dos castigos públicos, festejos e espetáculos promovidos pelo governo do Brasil e por que alguns escravos recebiam castigos mais rigorosos?

Nas festas, espetáculos e castigos públicos, um dos objetivos era mostrar o prestígio, o poder do Estado e dos governantes. No caso dos castigos, tratava-se de aterrorizar a massa escrava como forma de manter o sistema escravista. Os castigos mais cruéis eram aplicados aos chefes e demais participantes de quilombos, já que esses escravos desafiavam as autoridades e colocavam em risco o sistema escravista.

13. De que forma Debret retratou as relações entre os negros e as artes?

Debret ficou impressionado com as várias manifestações artísticas de negros escravos que apareciam no cotidiano, em festas, músicas, danças e trabalhos artesanais. Tais manifestações serviam para amenizar os horrores da escravidão e para preservar a cultura que, tendo raízes na África, continuava viva no Brasil, não obstante os esforços dos senhores brancos para destruí-la.

14. Que visões sobre o Brasil, expressas no final do álbum de Debret, foram desmentidas pela realidade?

Foram desmentidas principalmente algumas visões idílicas formuladas por Debret e adotadas pela classe dominante brasileira. Por exemplo, ele comenta as "belas plantações" do país sem mencionar que elas eram possíveis graças aos horrores do trabalho escravo; enaltece a independência do Brasil, mas se esquece da presença do imperialismo inglês; faz apologia da paz e da cordialidade entre os brasileiros (que seriam diferentes dos habitantes da América espanhola, mas durante o período regencial, o país viveu uma série de sangrentas revoltas nas províncias.

15. Na segunda metade do século XIX, as formas habituais de representar o Brasil por meio da pintura entraram em declínio. Por que ocorreu essa mudança?

A pintura, como forma de retratar a realidade brasileira, entrou em declínio principalmente com a invenção da fotografia. Os fotógrafos tornaram-se capazes de representar o mundo de forma mais rápida e por um custo menor que os pintores e desenhistas.

ATUAL EDITORA